マイナビ新書

教養として学んでおきたい落語

堀井憲一郎

マイナビ新書

教養として学んでおきたい落語　目次

第1章　活況を呈する今の落語業界

落語を聞くのに準備はいらない　9／落語の正しい聞き方はきれいに忘れてしまうこと　13／落語に時代が合ってきた　17

第2章　落語の歴史を紐解く

まずは戦後の落語の話から　23／東京方の戦後落語の歴史　24／ラジオ、ホールの時代　29／テレビの時代　32／落語協会の分裂騒動　34／落語不人気の時代から平成の落語ブームへ　37／戦後の上方落語　42／落語そのものの歴史をおさらい　45／江戸落語の歴史　47／明治・大正時代の落語　52／江戸時代から戦前までの上方落語の歴史　55

第3章　落語にはどういうものがあるのか

「滑稽噺」と「人情噺」 60／短い笑える噺＝滑稽噺 64／長い噺＝人情噺 69／「古典落語」と「新作落語」 80／そのほかの落語 83

第4章　落語家とはどういう人たちか

プロの落語家とは 93／修行の始め方 96／プロとアマの違いは「前座修行をしたかどうか」 102／二ツ目からが正式の落語家 106／二ツ目は青年 113／「売れる真打」と「売れない真打」 115／トリは「収益金を取る人」 117

第5章　落語と落語家をとりまく世界

落語界の常識 126／落語のオチとは 131／オチがない落語 137／師匠と弟子 139／祝儀と贔屓 146

第6章　寄席という場所

寄席は毎日やっている 154／寄席はずっとやっている 157／寄席の出演者 159／食事は自由だが 164／酒を飲みながら落語を聞くのはもったいない 168／音はあまり立てない 170／拍手の頃合い 171／寄席の雰囲気 176

第7章　どの落語家から聞くか

名人の落語を聞く 183／大事なのはネタでなく演者 185／おすすめの落語家の演目 190／落語の聞かれ方も変わった 193／現役の落語家で誰を聞くべきか 199

あとがき 202
参考文献 205

第1章

活況を呈する今の落語業界

落語は、いまを語っている。

昔ふうないでたちで、昔ふうな話を語っているが、結局、話しているのは「いま」である。いまも通じる噺しか語っていない。

なかなかそこのところがわかってもらえない。

伝統的な古典芸能だとおもわれている。

たしかに伝統的だし、古典的だが、でも相手にしているのは「いま」である。

そして、語ってる内容は「馬鹿」である。

いやはや。身も蓋もない言いようで申し訳ないが、「馬鹿」なのだ。

語ってる人が馬鹿だということではない。

「内容」が馬鹿なのだ。

馬鹿な男の噺や、真面目で真剣な人が「馬鹿」をやっちゃう話が落語である。

つまり、落語は「いま」のことを語り、「馬鹿」のことを語っている伝統的で古典的な芸能なのだ。

世の中にはあまり「むずかしい馬鹿」というのは存在しない。

馬鹿はだいたいわかりやすい。

馬鹿を扱っている「落語」もわかりやすい。

そういうことになっている。

落語を聞くのに準備はいらない

落語を一度も聞いたことがない人でも、何の準備もなく、いま、そのままの頭で聞けばいいのだ。

何の準備もいらない。何の知識もいらない。日本語さえわかっていればいい。

それだけである。準備知識は不要である。

ここのところをよくおさえておいてほしい。

あなたがいまの日本の社会に生きていて、今年になって3回くらいは他の日本人と話をしたことがあって、いちおうそれがもとで大喧嘩にならなかったら、だったら、大丈夫だ。そのままその角を曲がって、落語を聞きに行けばいい。そのまま聞けばいいのだ。何の準備もいらない。すぐ聞けばいい。

どっかから落語のCDを手に入れてきたなら、そのまま聞けばいい。いちおう再生プレイヤーに入れたほうが聞きやすいとおもうけど。

スマホで「ユーチューブ　落語　おもしろい」と入力してしまったのなら、そういうおそろしいことをしたなら、もう、一番上に出てきた物件をクリックして、そのままぼんやり見ればいいのだ（いま本当にやってみたら、春風亭昇太だった）。

ただ聞けばいい。

落語は気楽に聞くものである。

もう、めちゃくちゃがんばって「気楽に」聞いていただきたい。ものすごく努力して「気楽に」していただきたいのだ。

落語を聞くのに何か準備をしてはいけない。

ふらっと落語を聞いてみて、よくわからなかった場合は、あなたが悪いのではなく、たぶん落語のほうに問題がある。その落語は聞くのを止めて、自分に合う別の落語を聞いてもらいたい。

落語は「あなたのいま」に合うものを聞けばいい。

このように強調するのも、「落語に行くなら、どういう準備をすればいいでしょうか」と何度も聞かれたことがあるからだ。

だいたい学生だ。落語のチケットがあまっていたり、たまたま寄席に行く前に一緒に飯を食ってたりして、いきなり「時間あるか、これから落語行くけど、一緒に行かないか」と誘うと、うへっ、と首の脇あたりから音を漏らしながら「な、な、なんか準備しなくてていいんでしょうか」と聞いてくる。

落語を何だとおもってるんだろう。

たぶん、「伝統的な日本のもの」だとおもっているのだ。そして「勉強していかなきゃ恥を掻きそうだ」と勘違いしているのである。茶道ではそういうことはあるかもしれないが、落語ではそういうことは起こらない。

落語は、いまも現役の娯楽である。

つまり「映画」と同じだ。

洋画を見に行こうと誘われたとき、あなたは何か事前に勉強をしますか。

「なに、アメリカ映画を見に行くのか、でもぼくはアメリカに暮らしたこともなければ、アメリカ人の生活もよく知らないから、事前に勉強しておかなくちゃきちんと楽しめないに違いない、いますぐ図書館に行って急いで『アメリカ人の生活習慣について』みっちりと勉強しなきゃだめだ」

そんなことを考えるやつはいない(いたら、注意してあげてください)。

『トイ・ストーリー』や『ターミネーター』『ラ・ラ・ランド』を見に行くたびにアメリカ文化を勉強されてはたまらない。

落語も同じである。

江戸の落語を聞くからって、江戸について学ぶ必要はない。

初めての人が楽しめるように作られている。少々わからなくたって大丈夫だ。ガレージセールという習慣を知らなくても『トイ・ストーリー2』を楽しむ障害にはならなかったのと同じだ。

落語を聞くには、事前に勉強が必要なのではないか、という考えは、落語をかなりなめてるとおもう。

いちおう21世紀にも通じている娯楽なのだ。娯楽のために事前に勉強させられちゃたまらない。エンターテイメントをなめないでもらいたい。

落語の正しい聞き方はきれいに忘れてしまうこと

落語は、「興行」である。

寛政時代からそうで（二百年ちょっと前から始まった）、令和時代もそうである。

つまり目の前に客がいて、そこにいる客を満足させなければ成立しない。金を払った客を満足させなければいけない。興行であるかぎりは「いま」のものでなければいけないのだ。

しかも内容のポイントは「馬鹿」にある。

二百年を越えて、常に通用し続ける「馬鹿」を生み出しているところが落語の凄さである。落語の凄さは、おもしろさではなく「いつも現役」のところにある。

ときに落語は「評論」を誘発する。

馬鹿を題材にしているのに、それをしたり顔で話したくなる。

落語の罪なところである。

「馬鹿」を題材にしてるんだから、聞き終わったら「また、馬鹿な話だったなあ」で終わりゃいいのに、そうはいかない。なかなかいかない。その最たる例がこうやって本まで書いているところだから、私もその一味で、まったく馬鹿にする気はないし、というか馬鹿にされる側でしかないのだけれど、いやしかし、落語を聞いてそのあと評論するってのは、ほんと、馬鹿っすね。ほんと、すません。

落語は評論を誘発するし、男はそういうことを語りたがる。

人の評論を聞くのはあまり気持ちよくないのだが、自分が語ってると気持ちいいので語ってしまう。ほんと語るに落ちるというか、語る人は地獄に堕ちればいいのにおれをのぞいて、とみんなでおもってるというか、そういう哀しい芸能でもある。

しかたない。それが落語を聞く者の「業（ごう）」である。その聞く者の「業」さえも認めてくれるのが落語である、と言いたいが、誰が認めてくれてるのかわからないので、断言できるわけではない。

落語の正しい聞き方は、ライブで聞いて、その場で楽しんで、終わったらきれいに忘れてしまうこと、だとおもっている。

「宵越しの銭を持たない江戸っ子」のように、「宵越しの感想」は持たないのがいい。落語聞いて、酒飲んで寝て、起きたら忘れてればいいのである。消えてなくなってるんだから。

録音、というものを発明したヤカラがいけないよなあ、とおもうが、作った本人に悪気はなかっただろうから、どうしようもない。でも録音して再現するレコードやらCDやらってのは、やはり野暮だとおもう。まあ野暮でしかないんだけど。

落語を聞くのに一番いいのは、ライブで聞くことである。ナマで聞ける機会があったら聞いたほうがいい。

ライブで落語を聞くために必要なものはと聞かれたら、答えはひとつ。

「2時間から3時間、じっと座って黙って人の話を聞いていても眠くならないだけの元気」

それだけ。

元気が大事です。落語は、とにかく眠くなるからね。どんなに楽しみにしていても、歴史に残る名演であっても、疲れてるときに聞いたら寝ます。落語は寝やすい。

睡眠充分、元気たっぷりで出向くのが望ましい。

元気ないときはエナジードリンクを飲むしかない。私はけっこう落語会が始まる直前にレッドブルを飲んでます。そういうものです。

落語に時代が合ってきた

それにしても21世紀になってから、落語がふたたび人気をもりかえしてきた。ブームと呼ぶ人もいるが、落語界側からいえば、いやいやいや、そんなたいしたもんじゃないっすよ、と言いたくなる。そもそも1回にそんなに多くの人に聞かせるものじゃないからね。江戸時代の社会レベルでしか、ブームにならない。

20世紀の終わりころは、落語はほんとに人気がなかった。

1990年ころ、バブル絶頂期に豪華弁当付きで、1万5千円という落語会に行ったことがあるが、そういうバブリーな風景と落語はあまり似合わない。小朝、米朝、枝雀、志ん朝という豪華メンバーだったのに、食事に満足した客、だいたい老人だったが、彼らは豪華メンバーの高座を前に多くが眠りこけていた。金余りをどう落語と結びつけていいかわからなくて、そういう哀しい展開を見せていた。老人に酒を飲まして落語を聞かしちゃいけませんよ。寝るしかない。

いちおう落語が終わったらみんな目覚めたからよかったものの、そうじゃなかったら大変なことになっていたところである。「饅頭怖い」を聞いて、老人、静かに旅立つ、これぞあんさつ、なんて、どこが暗殺だ。意味がわからないぞ。

21世紀になって、落語は少し注目され直した。

ついでに言っておくと落語はお得な芸能である。

落語家は芸人として生きている時間が長い。すごく長い。

だいたい20歳前後で入門して、そのまま死ぬまで落語を演じている（なんで死ぬ直前まで落語を演じ続けようとするのか、というのがひとつの不思議でもある）。

そのへんはスポーツ選手やアイドル歌手と違う。

15年前の阪神タイガースのメンバーと今の現役メンバーはまったく違うけれど、落語の寄席の顔付けは、さほど変わってない。変わっていなくて愕然とするくらいだ。

12年前のテレビの歌番組の出演者と、いまのメンバーはずいぶん違う。でも落語会のメンバーはあまり変わらない。驚くくらい変わらない。人はそんなに簡単に死なないからだ。

落語はそういう芸能である。ちょっと類を見ない。

落語家は20歳くらいから始めて80歳くらいまでやっている。

そして、まず転職しない。

一人前になると（真打に昇進すると）、辞めない。落語がメインの仕事でなくなることもあるが（もっとも成功している例でいえば明石家さんま）、でも落語家の看板は下ろさない（明石家さんまも師匠に付けられた名を変えてない）。

圧倒的に信頼していい「商店」である。

一度見ておけば、その芸人が生きてるかぎり、ずっと落語をやっている。

ある時期、少し落語に詳しくなっておけば、そのあと5年空いても、10年空いても、ときに30年空いても、再びふっと帰りやすい。そういう世界である。それがいわば

「二百年を越える伝統の力」でもある。歌舞伎もちょっとそれに近いかな。

落語世界はずっとある。この先、何百年かはあるだろう。

あなたの人生にどんな変転があろうと、落語界はずっとある。さほどしゃしゃり出てくることもなく、かといってひっそりしているわけでもなく、都会のどこかにある。

日本人なら、自分のレパートリーのひとつに入れておいて損はない。お得である。

一度慣れておけば、いつでもしたり顔で戻ってこれる。それが伝統の力である。

それでいて、いつも「いま」を語っている。そこがすごい。

だから、まあ、落語を聞こうではないか、ということで、おひとりさま、ごあんなーい。

第2章

落語の歴史を紐解く

落語の歴史はそこそこ古い。

千年以上昔の古話から見出す人もいれば、戦国時代のお伽衆をルーツにする人たちもいる。

ただ私はそれは「落語的」ではないとおもっている。

落語は「いまここにある」現役の演芸だから、いまとつながっていないルーツを探しても、あまり意味がない。研究者にとっては興味があるだろうけれど、現場で有用な知識ではない。落語はいま使われている現役の道具だからだ。

包丁やまな板の歴史を聞かされても、数秒くらいは興味を持つが、1分経ったらどうでもよくなってしまう(申し訳ない)。実用的な道具は実用的な属性にしか興味を持てない。

私は落語も同じようにとらえている(あくまで私の個人的な視点です)。

真のルーツはどこか、ということは学者に任せておけばいい。ないしはマニアが集まって何とかしてくれるとおもう。この本は、落語マニア以外に向けて書いているし、マニアに読んでもらってもどうしようもないから、とにかくふつうの人に向けて「実用としての落語」の話を進めます。

まずは戦後の落語の話から

とりあえず「いまに続く落語」の部分の話をする。

それより昔の話はあとでさくっと紹介します。

いまに続く落語といえば、戦争に負けたあとからでいいだろう。つまり1945年(昭和20年)以降の落語の歴史を知っておけば、いまのところ間に合う。何に間に合うのかはよくわからないけれど、直観的にそこでいいとおもったから、そこからやります。

落語には「江戸」の落語と「上方=関西」の落語があって、この二つしかない。

江戸時代に都会だったところにしか落語は発祥しなかったのだ。しかも連携していない。お互い行き来しつつ、交流はあったが、深く関わらず21世紀までやってきている。「日本」という国が続くなら二つ別々に残っていくとおもう。

ということは「江戸落語の歴史」と「上方落語の歴史」はまったく別建てで二つあることになる。とりあえず江戸方のほうを見ていく。上方は昭和20年ころには落語家数も十数人まで減り、「ほぼ滅びた」と言われていたのだ。あとで簡単に見ます。

東京方の戦後落語の歴史

さて、東京方の戦後落語の歴史。

敗戦後、東京方の落語界はかなり盛況を呈する。

のちに「昭和の名人」と称される人気落語家が輩出する。

昭和の名人というのは、昭和20年代から30年代、つまり1945年から1964年ころに活躍した落語家のことを言う。彼らはだいたい明治生まれである（大正生まれは全世代が兵隊に取られて、かなり多くの人が死んだ）。

ラジオの民間放送が１９５０年代になって始まり（それまではＮＨＫしかなかった。ＡＫが東京、ＢＫが大阪で、略称で呼ばれていた。ＢＫは人によると大阪の馬場町の角の略だそうだ、ウソだとおもうけど）、番組数が一挙に増えた。そのため落語の放送が一挙に増えたのだ。落語はラジオと相性がいいのだ。ついでに言えば、テレビとはあまり相性はよくない。

毎日毎日、ラジオで落語が流れていた。おそらく１９５０年代に生きていた日本人のほとんどは、ラジオで落語を聞いていたはずである。

落語に対する日本人の愛は、１９５０年代のラジオが広めたものだとおもう。東京と大阪だけに限らず、全国の人が落語を浴びるように聞き続けたのだ。

このとき人気だった落語家のなかで重要なのを挙げるのならこの三人。

桂文楽(かつらぶんらく)
古今亭志ん生(ここんていしんしょう)
三遊亭圓生(さんゆうていえんしょう)

それぞれもう少し詳しく書くと、

桂文楽(八代目)1892年(明治25年)生まれ。1971年(昭和46年)没
古今亭志ん生(五代目)1890年(明治23年)生まれ。1973年(昭和48年)没
三遊亭圓生(六代目)1900年(明治33年)生まれ。1979年(昭和54年)没

代数が出たので言っておくと、桂文楽という名前は、八代目の弟子の「ペヤングの広告をやっていた小益(こます)」が九代目文楽を継いだので、「八代目桂文楽」と代数を付けたほうがいいが、志ん生と圓生という名前はその後継承されていないので、そのまま

で呼んでも混乱は起こらない（少なくとも2019年時点では）。

つまり、いま志ん生といえば五代目志ん生のことだし、圓生といえば六代目圓生のことを指す（本書はそういう原則で書いてます）。圓生は七代目を継ぎたいって人がいるんだから継がせてあげればいいのに、とはおもいますけどね。

八代目文楽は住んでいた場所から俗に「黒門町の文楽」と呼ばれる。九代目は私は勝手に「ペヤングの文楽」と呼んでいる。九代目の軽さ漂う芸は私は大好きである。だからわりと畏敬の念を込めて「ペヤング」と呼んでるんだけどね。まあ、そうは聞こえないだろうけど。

この三人のうち、現役時代に名人の名をほしいままにしたのは桂文楽。ただ、彼の録音をすっと聞いてもその凄さはまずわからない。はっきり言って玄人向けの芸人である。落語を聞き慣れてない耳で聞いても、たぶん、なかなかわからないとおもう。でも、彼の作った工夫は、ほぼすべていまも継承されている。

志ん生と圓生は、いまでもまだわかりやすい。特に志ん生は死んでもう50年近くなるのにいまだにその音源が売れるらしい。落語史上稀有の人物である。

もう一人、当時「ラジオで聞く落語家」として圧倒的な人気があったのは、三遊亭金馬（三代目）１８９４年（明治27年）生まれ。１９６４年（昭和39年）没である。金馬は四代目がいて、たぶん五代目も続くだろうから、三代目金馬。

この人の芸はラジオ向きで、また、落語を聞き慣れてない人にもわかりやすい話し方をしていて、とても人気があった。

彼ら明治生まれの少しあと、大正生まれの柳家小さんがいた。

柳家小さん（五代目）１９１５年（大正４年）生まれ。２００２年（平成14年）没
彼の息子が六代目小さんを継いでいるので五代目の小さん。

落語界で初めて人間国宝（重要無形文化財保持者）に認定された。誰もが認める名人である。明治生まれの名人たちより一世代から二世代下なのだが、若いころからその実力を認められ、彼らと一緒にラジオやホール落語に出演していた。

ラジオ、ホールの時代

彼らを中心に、落語は日本全国に浸透していった。いまの70代80代の落語好きの人たちは、だいたい「落語はラジオで初めて聞いた」という人が多いはずだ。それぐらい当時のラジオ落語の力は強かった。

宮本輝の自伝的小説『流転の海』シリーズでは、昭和22年（1947年）生まれの主人公（宮本輝本人がモデル）が、ラジオの落語に夢中になっている昭和30年代の風景が描かれているが（おそらく宮本輝本人の記憶による描写だと思われる）主人公が住んでいるのは大阪であるにもかかわらず、出てくる落語家は古今亭志ん生に三遊亭金馬という東京の落語家で、落語も「粗忽長屋」「高田の馬場」「二階ぞめき」などの東京方のネタばかりが紹介されていて、当時の東京落語家の勢いが感じられる。

大阪の落語は、当時、人気の落語家が払底しており、ラジオで全国放送されるのに耐えられる人材がいなかったということでもある。

ラジオ放送と同時に、ホール落語というものが人気になった。

それまでの落語といえば、寄席で聞くのがふつうであったのだが、人気の落語家何人かで寄席よりも広いホールで落語会を開いて、これが人気になった。ホール落語はいまも続く落語の形態である。一人の落語家だけをメインに据えて開かれるのが「独演会」で、それも人気になった。

ちなみに独演会と言っても、一人だけで演じきるということは稀で、その独演会を開く落語家の弟子である前座や二ツ目が最初に出るのがふつうで、ゲストに一人別の落語家も出る、ということも多い。独演会だからといって、落語家一人きりしか出ないということは少ない。語義的にいえばちょっと変なのだが、落語は一種の団体芸だということで、ご理解たまわりたいです。

このころ始まって21世紀になっても続いているホール落語には、三越百貨店で開かれる「三越落語会」、紀伊國屋書店の上のホールで開かれる「紀伊國屋寄席」などがある。1950年代にいまの落語の形が整ったということだ。

また「古典落語」という言葉もこのころに使われるようになった。

それまで「落語」は落語であり、武士が出てくる時代の話だろうと、人力俥が走っている話だろうと、どれもすべて落語だったのだ。それが1950年代半ばころから、昔から伝わる落語を「古典落語」、現代を舞台にした新しい落語を「新作落語」と呼び分けるようになった。古い落語の舞台になっていた生活が、どんどん遠くなっていったからだろう。

昭和30年代に入り、テレビができて、電気冷蔵庫、電気洗濯機、電気炊飯器が家庭に出まわったころ、明治はとても遠くなってしまったのだ。だから落語に出てくる登場人物との距離を感じるようになり、「古典落語」という言葉が使われるようになった。

古典落語という言葉は、ホール落語が全盛となり、またラジオで全国の人が落語を知り、江戸っ子の気風や生活なぞまったくわからない人も落語を楽しむようになって、そのためにできた言葉である。大正時代から落語を聞き続けていた当時の落語好きには鼻で笑われていたんじゃないかとおもうが、実際に笑ってたのを見たことはないので、何ともいえない。ふふーんだ。

桂文楽、古今亭志ん生、三遊亭圓生、三遊亭金馬、柳家小さんたちによる「ラジオ&ホール落語」全盛時代は、1950年代から1960年代を通して続く。

テレビの時代

この「明治生まれの昭和の名人」から育つ若手も人気を得る。

志ん生の息子で弟子の古今亭志ん朝(しちょう)、柳家小さんの弟子の立川談志(たてかわだんし)、三遊亭圓生の弟子の三遊亭圓楽(えんらく)(五代目)たちが出てきた。彼らは「テレビの世代」となる。

テレビでは落語そのものを放映するという機会は少なく（放映するとしても時間が短く）、当時の「バラエティ番組」に落語家がけっこう駆り出された。テレビ専用タレントがいなかったから、落語家、漫才師などがタレントとして次々と呼ばれたのである。

いまや老人となって寄席でときどき見かける落語家のなかには、かつてテレビにレギュラー出演していたという人がとても大勢いる。テレビ黎明期だったからこそ、であろう。

テレビで有名になった落語家は、一人は林家三平（初代）、もう一人は三遊亭圓歌（三代目）だろう（圓歌が売れに売れた当時の名前は三遊亭歌奴）。

林家三平は、テレビ番組の司会で売れた。テレビ向けの刹那的な芸で、売れに売れた。寄席の高座でも、テレビ芸の延長のような喋りで通し、それで人気を博していく。

三遊亭圓歌も「山のアナアナアナ」というフレーズで売り出し、テレビの人気者になっていった。

1960年代の後半は、私は京都の小学生だったが、この三平と圓歌（当時の歌奴）はよくテレビで見て知っていた。歌奴が圓歌を襲名して、その後、テレビ活動を抑え気味になったのもよく覚えている。

立川談志、古今亭志ん朝、三遊亭圓楽は、この売れっ子の少し下の世代になる。彼らはテレビのバラエティ番組にもしきりに出演した。いまも続く「笑点」は立川談志が考え出した番組であり、五代目三遊亭圓楽が長く司会を務めていた。彼らは本業の落語（古典落語）にも精を出し、熱狂的なファンを生み出した。

落語協会の分裂騒動

1978年（昭和53年）にひとつの騒動が起こる。

明治生まれの昭和の名人、三遊亭圓生が、所属する協会（落語協会）の指針に不満を抱き、人気の若手落語家をごっそりと引き連れる形で協会を離脱、別の協会を作ろうとしたのである。落語協会のほかに、もうひとつ落語芸術協会があり、圓生はそれに加えて三つ目の協会を作ろうとしたのだ。

人気の若手落語家である談志、圓楽、志ん朝、圓鏡らを引き抜こうという動きに大きな反発と怒りが集中し、だいたいの若手が引き留められ、結局、圓生とその直弟子のみが脱退することになった。

分離独立の失敗である。

しかも圓生は独立の翌年に急死してしまった。旗頭を失い、五代目圓楽以外は、頭を下げて落語協会に帰参してしまった。

しかし五代目圓楽はそのまま復帰せず、別会派のまま落語を続けた。それが今に続く圓楽一門である。五代目圓楽は２００９年に亡くなる。そのとき、圓楽一門は、協会への復帰（「笑点」仲間である桂歌丸（うたまる）が会長・三遊亭小遊三（こゆうざ）が副会長である落語芸術協会への参加）を望んでいたようであるが、叶っていない。いまも、協会に所属せず、そのため落語家のホームグラウンドである「定席（じょうせき）」への出演ができないまま、活動を続けている（寄席にゲスト出演する機会は増えている）。

１９７８年の離脱騒動でいったん離脱側に加わっていながらも翻意、協会に戻った立川談志は、その5年後、１９８３年にやはり協会と対立し、脱退、「落語立川流」を創設した。立川流を創設してからの弟子に、立川志の輔、立川談春、立川志らく、立川生志、立川談笑という錚々たるメンバーが育ち、現在の東京落語界に大きな位置を占めている。

この二つの騒動のころに、「明治生まれの昭和の名人」はほぼいなくなっていた。そこから落語界は何となく沈んでいく流れにあった。

落語の人気というのは、おそらく江戸の昔から浮き沈みがあり、たとえば明治30年代には大人気であったが、大正時代の後半から人気が陰り、昭和の戦争時代には時勢柄もありまったく見向きもされなくなっていた。しかし戦後になって昭和20年代後半から30年代に人気が高まり、落語人気時代が続いた。

昭和の40年代、50年代には、また、落語の人気は落ちていく。

のちに「バブル」と呼ばれるころ、1980年代の日本はいろんな方面で浮ついていた。落ち着いて落語を聞く時代ではなかった。

日本は不思議な自信に満ちあふれていて、世界へ進出していった。落語は聞かれなくなっていった。

落語不人気の時代から平成の落語ブームへ

いま50代から60前後の人気落語家たち、立川志の輔、談春、志らく、春風亭昇太、柳家喬太郎(やなぎやきょうたろう)らはこの「落語不人気の時代」に入門している。一緒に入った仲間がそんなにいなかったという話をときどきしている。落語家の入門者が少ないのは、そのまま2000年過ぎまで続く。1980年から2000年あたりは落語不人気の時代であった。

2001年、これから先の落語界を背負うであろうと期待されていた古今亭志ん朝が63歳で死んだ。２００2年には、東京落語の頂点にいた柳家小さんも死んだ。小さんは87歳という年齢であったが、志ん朝が63歳で死んだという衝撃は大きかった。同じ時期に立川談志が癌にかかったとの発表もあり、私はあせった。

私個人でいえば、それまで何となく落語を見ていたが、志ん朝は存分に聞いたというわけではなく、このまま談志さえもしっかり聞かないまま死なれてしまってはただ悔いが残る。そうおもって、まず談志を聞きに行った。それから談志だけではなく、いろんな落語家も聞いた。だんだん落語界が元気になっていくのが感じられた。

小さんが死に、志ん朝が死んでしまって、動き出したのは春風亭小朝(こあさ)だった。落語協会、落語芸術協会、立川流、上方落語協会の実力者を集めて会を作り（「六人の会」という名称で、残念ながら圓楽一門からは誰も呼ばれなかった）落語界のプロデュースを大々的に始める。協会ごとに分かれてちまちまやってる時代ではないだろう、という小朝の強いメッセージに反応した若い客たちによって、２０００年代の落語界は活況を呈していく。

志ん朝と小さんの死というのが、業界に危機感をもたらしたとともに、「昔から続く大きな重し」が取れたように感じていたのだろう。若手の活躍が目立ち始め、落語界への入門者も増えてくる。

土曜の夜9時半から新宿の末廣亭で開かれる「深夜寄席」は二ツ目の勉強会で、若手が四人出てくる気楽な落語会だが、2004年までは、ずっとすいていた。開演の直前にいっても席はすかすかで、両隣に誰かが座ることなど考えられないすきようだったのが、2005年になって、いきなり混み出した。深夜寄席に行列ができるというのが衝撃であり、なんでこんなことが起こっているのかわからなかった。列を整理している出演者たちも、何なんでしょう、とわかっていなかった。

ひとつは長瀬智也と岡田准一のジャニーズコンビが主演する落語ドラマ『タイガー&ドラゴン』の人気であり（放映は2005年の4月から6月）、また当時、無料で配布されて人気だった雑誌『R—25』に深夜寄席が紹介されたから、とも言われていた（これは当時の若手落語家が高座でそう話していた）。

しかし、2005年の中ごろより並ばないと入れなくなった深夜寄席は2019年になり令和になってもやはり同じ行列である。2005年には500円でとても格安だったが、2017年5月にいきなり倍の1000円に値上げしたにもかかわらず、やはり行列ができている。

1000円に値上げしてからは、メンバーによってはさほど並ばなくても済むが、しかしときには大行列にもなり深夜寄席への熱気は衰えていない。

あのうらぶれた2004年までの風景を覚えているほうとしては、驚きであるし、そもそもその状態が15年以上続いているのだから、深夜寄席はすいていた、という風景を話すことじたいが古老の懐旧譚じみていて、ちょっと驚いてしまう(書いていておもったが、じみてるんじゃなくて、古老の懐古譚そのものである)。

小朝の始めた六人の会の「東西落語研鑽会」が2003年から、深夜寄席が並ぶようになったのが2005年から、そこからあきらかに「平成の落語ブーム」がやってきた。

21世紀にブームというと、本来はもっと商業的な成功をイメージするものだろうけれど、落語というのは江戸から続く興行だけに、そんなに大きなイベントをぶちあげにくい。そのぶん細かい落語会が増え、地味に、しかし着実に客は増えている。

東京エリアの落語会をすべて紹介しようと努力している狂気じみた雑誌『東京かわら版』も、分厚さが15年前の倍以上になっている。客も、落語会も倍以上になったということだろう。

つまり2000年以降、日本はとにかく内向きになり、そのまま内向きになり続けている、という現状のようだ。

かつては英語落語であるとか、海外での落語公演などが試みられてきたが、それもいっときのブームで、いまは着実に国内需要を増やしたほうがいいという時代でもある。

これが戦後の「東京方」の落語のざっとした歴史である。

戦後の上方落語

では戦後の「上方」のもっとざっとした歴史を見ておこう。

上方落語は、昭和の初めに爆笑王・桂春団治（初代）を出したが、それが上方落語の戦前最後の曙光で、それ以降、どんどん地盤沈下していく。大阪京都神戸で、落語を中心に聞かせる寄席がほとんどなくなっていき、落語家じたいの数も減っていった。世界相手に戦争やったら全土が空襲され、大阪は焦土と化してしまった。寄席も落語家もいなくなっていた。

世界大戦が終わったときに、その名前だけで客が呼べそうな落語家は大阪には二人しか残っていなかった。

五代目笑福亭松鶴と、二代目桂春団治である。

ところが、彼らが、１９５０年（昭和25年）から１９５３年（昭和28年）に相次いで亡くなる。『大阪落語は遠からず滅びるであろう』と新聞に書かれた（発言元は、あの文豪の谷崎潤一郎である）。

このとき35歳だった六代目笑福亭松鶴を筆頭に、28歳の桂米朝、23歳の三代目桂春目団治らが中心となって、「上方落語を滅ぼすな」と懸命な活動を始めた。のちに五代目桂文枝となる桂小文枝をふくめ、「上方四天王」と呼ばれる若者と、その仲間たちによって、上方落語は命脈をつなぎ、昭和40年代には信じられない復活を果たす。

それぞれに人気者の弟子がおり、松鶴のところには笑福亭仁鶴、米朝のところの月亭可朝に桂枝雀、文枝のところの桂三枝、春団治のところでは昭和40年代に大人気だった桂春蝶（二代目）が出てきて、1970年代のテレビラジオで大人気となった。

1972年（だったとおもう）に売られた笑福亭仁鶴のレコードには落語が4席入っていて、これが売れた。私は中学生だったが、昼休みの校内放送で「初天神」が流されたりした。1970年代は40代50代の四天王と、30代の若手によるパワフルな落語によって、上方には落語ブームが訪れていた。1973年に襲名した桂枝雀が、そのなかから飛び抜けていき、爆笑王の名をほしいままにする。枝雀の生み出したいくつものギャグは、時代を越えて、また東西を越えていまも東京の寄席で語られている。

上方落語は、戦争前と戦争後でいったん途切れ、戦後の新しい文化を、四天王およびその弟子たちが構築していった。四天王の弟子である、六代目桂文枝や笑福亭鶴瓶はまだ現役である。

上方落語協会の会長だった六代目桂文枝（新婚さんいらっしゃいの文枝）の尽力により、絶えてなかった落語中心の寄席「天満天神繁昌亭」が２００６年にオープン、大阪でも連日、いつでも落語が聞ける寄席ができあがった。上方落語協会は立ち上げの１９５７年にはたった18人だった協会員も、いまでは３００人近い大所帯になっている（会員にならない頑固な人たちも少数いる）。

昭和20年代に滅亡の危機に怯えていた時代とはずいぶん風景が変わっている。

関西落語の問題は、「東京と大阪の都市としてのレベルの差」に起因するところが多く、それを各自の努力で補っている、というところだろう。ただ、東京落語に対して、関西落語が厳然と存在するというところは、どちらにとっても大きな意味がある。人数から見るかぎり、どちらも日本史上最高の芸人数を誇っているのだから、しばらく落語は安泰、というふうに見ていいだろう。

落語そのものの歴史をおさらい

まあ、歴史は戦後の部分だけをおさえておけば大丈夫だとおもわれる。

ただ、それだけじゃさすがに「落語の歴史」とは言えないので、それまでの歴史もさっくり見ておこう。

落語そのものの歴史。

安楽庵策伝（あんらくあんさくでん）というお坊さんがいて、この人は説話のために笑い話をいっぱいため込んでいた。そのなかには現在の落語の原型もたくさん含まれているので、「落語のもとになる話をたくさんため込んだ人」として、いちおう、この人が落語そのものの元祖だとされている。でもまあ、私はあまり興味を抱かない。お坊さんだから。

ちなみにこの人は江戸の人ではなく、どっちかってえと京都あたりの人ということになる。まあ、豊臣政権は京都政権だったから、その周辺にいた人というイメージ。この人には落語家としての弟子もなければ、その話術を継いでいる人もいない。

落語家が出現するのは1680年代。五代将軍の綱吉が将軍職に就いたばかりのころ。

京都と大阪と江戸に同時に出現する。シンクロニシティというか、それとも噂のまわるのが早くてすぐに真似したやつがいたのか、とにかく江戸時代初期の三大都市に同時に生まれたのだ。

この瞬間に、落語は、江戸と上方のものになった（あまり大阪落語と言わず、上方落語と呼ぶのは、京都落語と大阪落語の系統があったから、という側面がある。京都落語はやがてすたれて、大阪落語に統合されていく。ちなみに相撲興行も三都で生まれ同じ経路を辿っている）。

京都に出てきたのが露の五郎兵衛で、どうやら彼がいっとう最初に出現したらしい。

江戸で出現したのが鹿野武左衛門。

大坂に米沢彦八。

同時に出現した。歴史の彼方から眺めると、同時に出現というのは「落語家が湧いてきた」という印象を持つ。

それぞれ神社境内などで客寄せ興行を行い、人気があったらしい。

ただ、あとが続かない。特に江戸の鹿野武左衛門は、ほぼ言いがかりといっていい嫌疑を掛けられ、遠島となる。江戸落語は発祥したが、すぐに消えた。地下に潜ったといいたいが、それほど広まっていないので、地下でもやっていないとおもわれる。

江戸落語の歴史

江戸時代の真ん中あたり、天明年間（1780年代）に、江戸に烏亭焉馬が現れ、しきりに「落とし噺」の会を開く。烏亭焉馬（うていえんば）が現在に続く江戸落語の祖である。彼自身は落語家というよりは、戯作者であり、いわば文人である。洒落たことを好む旦那、という雰囲気が漂う。このころに落語を楽しんでいたのは、洒落た噺好きな文人、教養人が集まるサロンのおかげである雰囲気がする。烏亭焉馬のもとにいろんな趣味人が集まり、そのなかからプロの落語家が出現する。

最初のプロとされるのは初代三笑亭可楽（さんしょうていからく）である（この名は現在の九代目まで続いている）。

寛政年間の１７９８年に、上野（下谷）の神社境内で、寄席興行を行ったのが、江戸の「落語興行」の最初とされている。寄席は、このときから二百年余の歴史がある、ということになる。可楽が烏亭焉馬の弟子と見るならば、現在の落語家から師匠の師匠のと辿っていけば、烏亭焉馬にいきつき、それ以上は遡れないというわけである。烏亭焉馬が、江戸落語界の実質の祖である。

初代三笑亭可楽と同時に、初代三遊亭圓生、初代林屋正蔵（はやしやしょうぞう）（林〝家〟ではなく林

〝屋〟）らが出てきて、専業の落語家が増える。

江戸時代を見てると、この天明寛政のころから（享和という4年間をはさみ）文化文政年間（1804〜1830年）・天保（1831〜1845年）の時代が、いっとう暢気そうである。なんだか江戸中の連中がそんなに金はないけど、暇を持て余してしかたがないという雰囲気を醸し出していて、いろんなつまらないことに精を出していて、記録を見てるだけで笑っちゃう時代である。老中水野忠邦の天保の改革は、たぶん、何の成果ももたらさなかったんだろうなあ、とおもってしまう。水野さんまじめすぎ。

文化文政年間に、江戸の寄席は100軒を超え、隆盛を極めていた。あきらかに落語ブームである。「文化文政の江戸落語ブーム」だ。このあと水野忠邦の天保の改革で、寄席は一挙に取り潰しになるのだが、しばらくすればすっかり復活して、幕末に向けて、落語はますます盛んである。

それぞれ今に名を残す落語家が出てくるのだが、いちいち名前を挙げていても煩雑なので略しますね。

そのあと、幕末の江戸落語界で名をなすのは「大圓朝」とその芸名に「大」の字を付けて尊ばれている三遊亭圓朝（えんちょう）である。

三遊亭圓朝。１８３９年（天保10年）生まれ。１９００年（明治33年）没。

彼はだいたい１８４０年代（弘化年間）に落語家になり、幕末になって江戸落語界で名を売っていく。「怪談牡丹灯籠（ぼたんどうろう）」「真景累ヶ淵（しんけいかさねがふち）」など、いまもまだ寄席で口演され人気の演目を創作していく。

圓朝は、次々と落語を創り出す力において、古今、抜きん出た力量を持っていた（つまり彼は新作落語家として、歴史に残る大家なのである。新作とはいえ、舞台は少し前の時代に設定していたが、ほぼ現代劇として披露していたとおもわれる）。

１８８１年に明治政府は、10年経って１８９０年になったら国会を開いちゃう、という勅諭を出した。国会を開いたら、国会で発言された言葉はすべて記録しないといけない。録音機などない時代である。速記によって書くしかない。速記術の習得が急がれた。ただ国会が開かれるのは10年先である。その技術をどう使おうかというところで、講談や落語を速記してみようということになった。芸人が話しているのを、必死で速記で記録していくのである。

その速記術をもとに「怪談牡丹灯籠」が原稿に起こされ、新聞に連載されたら、大人気となった。その本は売れに売れた。喋り言葉がそのまま記された本である。いま、岩波文庫で読めるものとほぼ同じだったはずだ。それまでの日本にはなかった文体でもある。

この三遊亭圓朝の喋りを文章に起こしたものを読んで、明治の文人たちは、新しい近代的な文学描写の参考にしたといわれる。江戸から東京に住む連中にとって、落語はたとえばテレビ番組のようなもので、誰もが触れている身近な芸能であったはずである。落語好きが明治文学を形成している、という側面は確実にある（夏目漱石の文章には落語の影響が如実である）。

圓朝が作った「塩原多助一代記」は、やがて教科書にも採用された。圓朝によって近代社会へと変貌する明治の世にも落語はしっかり受け入れられていった。

明治・大正時代の落語

圓朝の弟子や、その周辺の人物によって明治時代の落語大ブームが訪れる。だいたい明治20年代から30年代（1880年代から1890、1900年代）のことである。

圓朝の弟子の世代から、重要な落語家をピックアップするならこの四人。

三遊亭圓遊（えんゆう）（初代）1850年（嘉永3年）生まれ。1907年（明治40年）没
橘家圓喬（たちばなやえんきょう）（四代目）1865年（慶応元年）生まれ。1912年（大正元年）没
三遊亭圓右（えんう）（初代）1860年（万延元年）生まれ。1924年（大正13年）没
柳家小さん（三代目）1857年（安政4年）生まれ。1930年（昭和5年）没

まず三遊亭圓遊（初代）。「鼻の圓遊」「ステテコの圓遊」とも呼ばれる。ステテコ踊りというういわば邪道な芸で売れたが、その落語を師匠の圓朝は買っており、明治半ばの三遊亭の落語を引っ張っていった。

大河ドラマ『いだてん』で志ん生が心酔する師匠として描かれたのが橘家圓喬。彼も明治末期の名人として名を残す。

橘家圓喬の芸は、じつに見事に綺麗なものだったらしい。

それに比べて三遊亭圓右（初代）の芸は、かなり適当だったと言われる。しかし圓喬・圓右と並び称される名人で、三遊亭圓朝門下の精鋭だった。圓右は、圓朝の弟子の圓橘の弟子だったので、圓朝からは孫弟子になるが、その力量抜群のため、圓朝の直弟子扱いをされていたらしい。その力量は、二代目三遊亭圓朝の襲名を許されたことでもわかる。ただその直後に亡くなってしまい、一度も圓朝の名では高座に上がっていないので、圓右の名で残されている。

圓喬と圓右は、どうも、昭和の文楽と志ん生のように私には見える。

志ん生は圓喬にとても憧れていたようだが、実際はそのいい加減さが、とても初代圓右っぽい。自分にないものに憧れて、だから芯の部分には圓喬ばりのきちんとした筋運びをする力を養っていて、でも性格がどうも適当なので、そこがうまく嚙み合って、他の追随を許さない「志ん生の落語」が作られたようにおもう。

もう一人の三代目柳家小さん。

これは夏目漱石が小説『三四郎』で、「あんな芸術家は滅多に出るもんじゃない」と絶賛したことで有名である。滑稽話を得意としていた。おそらく人間国宝になった五代目小さんと同じような芸風だったのではないかと想像する。そういう意味では「小さん」はだいたい似たような芸風を継いでいて、おもしろい。

大正半ばころから世相が変わり出し、江戸の香りを残した古き文化がどんどん古いもののように扱われ出した。そんななかで1923年(大正12年)には関東大震災が起こり、東京市中は崩壊する。多くの寄席も消えてしまった。そのまま昭和初年に向け、客の入りが悪い時代が続き、そして昭和の戦争の時代に入り、落語は徹底的に敵視されるようになる。戦争中は不遇な時代であった。戦争末期に、古今亭志ん生と三遊亭圓生は、満州慰問に向かい（志ん生は、外地なら酒がたっぷり飲めるからだと聞いて、そのために向かったと言われている）、終戦を満州で迎えたために行方不明となり、しばらく内地へと帰れなかった。

終戦後、生きて日本に帰るためにはどんなことでもしなければいけなかったという二人は、日本に帰ってから、芸風が変わった。圧倒的迫力を持って落語を聞かせ、あっという間に人気の落語家になっていった。そんなところ。

江戸時代から戦前までの上方落語の歴史

いっぽう上方の落語の略史。

露の五郎兵衛、米沢彦八のあと、しばらく空白期間がある。

江戸の烏亭焉馬のころ、京都の松田弥助の弟子に桂文治という落語家がいた。だいたい寛政から文化年間（１７９０年代から１８００年代）に活動した落語家で、彼が現在の上方落語の祖である。いまの落語家から彼にまでは遡っていける。

ただ、途中で文治という名前は江戸に移ってしまい、上方落語の祖であるにもかかわらず、上方落語界はその名を保持しえていない。上方から見れば、かなり痛恨の一事である。

初代文治が、江戸でいえば三笑亭可楽というところ。

その文治系統に、幕末、桂文枝（初代）が出る。

この人が江戸方でいえば、三遊亭圓朝のポジションに近い。文枝のほうが20歳の年長だけれど。幕末期に人気を博し、得意ネタ「三十石」を質に入れたというエピソードが有名である。つまり「三十石」という噺を演じないという約束で、百両の金を借りたのだ。彼には四人の弟子がいて、二代目文枝の襲名でもめて、そこから上方落語界は二派に分かれた。ただこの両派の拮抗が人気となり、１８８０年代から１８９０年代にかけて、上方落語は全盛期を迎える。「明治30年代が黄金時代だった」とされている。

その後、大正時代に入ると、東京方と同じく、社会の変化によって寄席の形態が変わっていく。上方の場合は、わかりやすく吉本興業が仕切っていった。いまに続く吉本興業は、最初は落語中心の寄席経営をしていたが、途中から漫才のほうが客に受けると判断して、漫才中心のプログラムに変更していく。東京方よりもっとわかりやすく実利的に動いた大阪芸能界では、落語はどんどん片隅に追いやられていった。

そんななかで一人気を吐いた落語家が桂春団治である。

俗に初代（彼の前に素人っぽい人が春団治を名乗っていたらしい、のだが、詳細がわからないのだ）。1878年（明治11年）生まれ。1934年（昭和9年）没。

漫才に呑み込まれそうになった落語界に現れた異端児は、漫才に負けないために「刺激的で刹那的な落語」を演じ続けた。簡単に言えば、くどいほどのギャグを放り込み続けたのである。とにかく受ける。受けたら客は笑い続ける。そのギャグのいくつかは、いまも上方落語のなかに（ときに東京の落語にも）残っている。

ただ昔からの落語を愛していた好事家からは嫌われた。いつの時代もそういう評者がいるものである。しかし彼は上方落語の延命を狙い、それは少し成功したと私はおもう。

初代春団治の死後、日本は戦争へと突入していき、上方落語を担う人たちはほぼいなくなる。戦争が終わったとき、残っているのは、五代目松鶴と二代目春団治と老人の落語家、あとはまだ何者になるかもわからない若者数人だけであった。

以上が落語の簡単な歴史である。

第3章

落語にはどういうものがあるのか

落語とひとくちに言っても、いろんな落語がある。

短くて馬鹿馬鹿しいものから、胸つかまれる感動巨編があり、ひたすら怖いだけの噺もある。それらすべて落語である。

落語には型がない。いろんなものまで含んでいるのが落語である。

落語家が人前で話していれば、それはすべて「落語」だと言えるだろう。それくらい融通無碍(ゆうずうむげ)なものである。

どういう落語があるのかを紹介していきたい。

「滑稽噺」と「人情噺」

落語はいくつかに分けられる。

これからざっくりと分けて紹介していくが、分類はあくまで便宜的なものである。

落語は大きく「滑稽噺」と「人情噺」に分けられることが多いのだが、この二つに入らない落語がたくさんある。いろんな分類が考えられていて、でもすべての落語をすんなり分けられているわけではない。ぼろぼろ取りこぼしている。

落語はうまく分類できない。つまり落語の分類にはあまり意味はない。

どうやら「落語」が持っている本質は（馬鹿馬鹿しさを核に持つ語りの本質は）、分類や分析を越えたところにあるようだ。賢い人がどんだけ分析しようと、それとは関係ないところで客を楽しませ続けるのが落語であり、ただ楽しませるためのものにしかすぎないということなのだ。するりと賢者の手から逃れてこその落語、という感じがする。

ざっくり適当に分けながら、紹介していきます。

「滑稽噺」と「人情噺」は、言い方をかえれば「笑える話」と「泣ける話」となる。

人情噺がすべて泣けるわけではないんだけど「笑える⇅泣ける」という対立がわかりやすいので（というかおもしろいので）、とりあえずそういうふうに規定しておく。

落語には大いに笑えるものから、大いに泣かされるものまで幅広く種類があるということだ。

「ええっ、落語を聞いて泣くことなんてあるのか」と驚く人がいるだろう。いるはずだ。でも、ぼろぼろに泣かされる落語はけっこうある。そのポイントでは、演者の腕の差が出ますけどね。この人の落語を聞くとぼろぼろに泣かされるので化粧が落ちるのがいやだ、とぼやいていた若い女性もいた。近年の「感動している自分が好き」症候群によって、よりそういう需要が高まっているようにおもう。

ただまあ泣ける噺はそんなに多くはない。

「人情噺」はすべて泣かされるわけではなく、人情に通じる暖かみがあるわけではない。

このへんが落語の分類が適当だなあとおもう部分である。

人情噺と呼ばれる落語を、ずらっと並べてみて、これに何の共通点があるのだろう、とさっきからずっと考えてみたが、ひとつしか思い浮かばない。

噺が長い。

それが共通点だ。びっくりだ。

でもそうだとおもう。「人情噺」と呼ばれる落語の本質は「長い噺」でしかないのだ。

滑稽噺、笑える話は、長くて15分くらいである。短いと5分のものもある。

でも5分で終わる人情噺はない。10分でも終わらない。やはりふつうにやって20分以上かかるのが人情噺といわれる落語である。べつだん「人情味にあふれている」ものばかりではなく、ただただ怖いだけとか、ひたすらファンタジーとか、いろんな噺がある。

人気があって代表的なものが人情味にあふれているので、それに代表させる形で「人情噺」と付けているようである。うーん。余計なことに気付いてしまったな。古くからある世界をまじめに分析すると、ときどきこういうことが起こるので困る。

短い笑える噺＝滑稽噺

まず「短い噺＝笑い噺＝滑稽噺」から紹介していこう。

ふつうの日本人が「落語」と聞いて思い浮かべる噺たちだ。元気でやっている。あわて者や、勘違いしやすい人や、子供や、物知らずな人たちによって巻き起こされるちょっとおかしい風景を描いたものである。

日常風景を描いていると言いたいのだが、まあ入り口こそは日常だけれども、途中からずいぶん不思議な展開をするものもあって、すべてが「日常」だけで納まるわけではない。そのへんが落語のおもしろいところだし、深さを感じてしまうところでもある（作った当人はきわめて気楽におもいついてるだけだとおもうけど）。

笑える話は、落語発祥より以前からある。

まあ、一休さんの頓智話もそうであるし、似たようなおもしろい話は平安時代あたりの古い説話集にもいろいろ入っている。

ただ、そういう古典文学を落語のもとと考えても意味がないのは「人さまから金を取って聞かせるおもしろい話」のことを落語と呼ぶからであって、竹取物語をそのまま読み上げたって人は金を払ってくれない。

現在でもよく聞く「笑い噺」の演目をいくつか並べてみよう。

「子ほめ」(もっとも聞く機会の多い落語ネタである)
人をおだてて酒にあやかろうとして失敗する噺。

「道灌(どうかん)」
太田道灌の故事を真似しようとしてうまくいかなかった噺。

「時そば」
〝時刻を聞いて蕎麦を一文安く食べたやつ〟の真似をして失敗する噺。

「初天神」
1月25日の初天神の縁日で息子にものをねだられ閉口する父親の噺。

「たらちね」

漢語ばかりで喋る若い女を女房にもらって、言葉がまったく通じなくて困る噺。

「替り目」

かなり酔って帰ってきた亭主と女房の他愛のないやりとり。

「金明竹（きんめいちく）」

店で働いている小僧のところへ次々と客がきて、すべて変な対応をしてしまう噺。

「粗忽（そこつ）の釘」

壁に釘を打ち込み隣家に謝りに行くが、なかなか謝るまでにたどりつかない噺。

「真田小僧」

こまっしゃくれた子供が舌先三寸で父親から小遣いをせしめる噺。

「転失気（てんしき）」

わからない言葉をわからないと言えない和尚を小坊主がやりこめる噺。

「短命」

二度も旦那を亡くした若い嫁に関するちょっと艶っぽい噂から真似をしてみる噺。

「親子酒」

親子で禁酒した父と息子がそれぞれ破ってしまって対面する噺。

「つぼ算」

舌先三寸で水瓶を半値で買おうとする男の一種の詐欺噺。

「紙入れ」

商家の奥さんと密通していた男が露見したのではないかと恐れる艶噺。

「湯屋番」

遊びが過ぎて銭湯で番台を勤めるようになった若旦那がそこで妄想を繰り広げる噺。

「野ざらし」

隣人が川原で見つけた髑髏（どくろ）を供養したら美人幽霊が来たので、それを真似る男の噺。

「狸の札」

助けた子狸が恩返しにきたので「お札」に化けさせて支払う動物ファンタジー詐欺噺。

「転宅」

まぬけな泥棒が妾宅に入り込み、そこの美人の妾に逆に騙されてしまう噺。

「やかん」

適当な男がいろんな物の名前の由来をしごく適当に教えてくれる噺。

「つる」

〝つる〟の由来を適当に教える男と、その適当な由来さえきちんと言えない男の噺。


まあ、このへんが基本的な噺だろう。

あらためて並べると、落語は「何でもあり」だというのがよくわかる。

夫婦や親子などの家族噺では、「そうそう、あるある」という共感を持つことが多い。

でも、狸が人間の言葉を喋りながら恩返しにやってきて、そいつが十円札に化けてくれたのでそれで支払いを済ませるという経験は、ふつうの人にはあまりない。最初は巨大な十円札に化けるので、小さくなるように指示をする、という経験も多くの人間はしたことがないだろう。おもしろいけど。つまりファンタジーでしかない。

幽でございます、知らぬ、霊でございます、知らぬ、そのぉ、幽、霊でございます、えええっと登場してくる霊と仲良くなってしまって夫婦の約束をするとか、それも私は経験がないし、そういう経験を持つ友人もいない。でもおもしろい。それが落語の世界である。こういうのは映像化もなかなかむずかしい。やはり「語り」でしか表されないものが多い。

長い噺＝人情噺

落語家が独演会を開くと、「短めの笑い噺」と「長めの人情噺」を2席演じるのがふつうである。

特に地方都市での独演会はそれが多い。

最初に若い落語家が出てきて、また別のゲストも一人いるというのが多いが、とにかく独演会の主役の落語家は2席披露するのがふつうで、最初に短めの噺、最後に長い噺を演じることが多い（順番が逆のこともある）。

つまり、きちんとした落語家は「滑稽噺」も「人情噺」も喋れないといけない（真打はだいたい、できるはずである）。独演会を開けるレベルの売れている落語家は、そのどっちもしっかりと受けないといけない。寄席と違って、長い「人情噺」が聞けるところが独演会の魅力でもある。

「人情噺」はどこか人生を感じさせてくれる。

どういうものが人情噺と呼ばれているのか（ただの長い噺なんですけどね）。

有名なところでは、「芝浜」「文七元結（ぶんしちもっとい）」である。

この二つが代表的な人情噺だと言えるだろう。どっちも命を削るような金のやりとりがある。江戸落語の代表的な演目でもある。江戸落語の特徴に、金のやりとりが多い、というのがある。大阪落語には、江戸方ほど金の噺が多くない。

江戸落語は、やたら大金が出てくる。

もうひとつ代表的な人情噺といえば「子別れ」、これは親子の情愛を語って聞かせる。親子ものの人情噺の代表的な作品だ（これも五十銭をめぐってのやりとりがあるよなあ、といまおもいだしている）。

この三つはけっこう泣かせる落語である。

人情噺のおもだったところを並べてみる。


「芝浜」

浜辺で財布を拾ってきた男が、それは夢だよと女房に言われて、そうだったのかと納得してしまう噺。「女房の献身」をどう描くかによって落語の色合いが変わってくる。

「文七元結」

大事な金を、通りすがりの困ってる男にやってしまう噺。

どっちも「金」がテーマですね。

「子別れ」

母子暮らしをしていた子供が偶然、父と逢って、それがきっかけで父と母が仲直りをする噺（上方の笑福亭は、父子暮らしのパターンでやっている）。

「紺屋高尾」「幾代餅」（ほぼ同じ噺）

一介の職人が、働き続けて金を貯めて、それで吉原の最高遊女に会ったところ、おもいが遂げられたという恋愛ファンタジー噺。

「たちきり」

商家の若旦那と、馴染みの芸者の悲恋噺。

これはけっこう切ない噺なのだが、きちんと悲恋として伝えるにはなかなかの技量がいるので聞く機会がそんなに多いわけではない。「紺屋高尾」は喜劇なので、演者は多い。

長い噺も無理すればいくつかのジャンルに分けられる。

恋愛ものはいま出てきた「紺屋高尾」「幾代餅」「たちきり」が代表的な落語で、あとは「女名前＋男名前」のタイトルもので「お節徳三郎」「お若伊之助」「お露新三郎」というようなものがある。

ただこういう外題が付くと、昔ながらの男女もので、あまりハッピーエンドにはならない。二人一緒になれても、一緒に死ぬ「心中」が基本で、おそらく18世紀19世紀ころには心中パターンが大人気だったのだ。たぶん心中してくれないと、観客が満足しなかったのだとおもう。心中は「身分社会」と強く結びついている。

「遊郭」ものもけっこうある。

政府公認の遊郭・遊女というのは1950年代まで日本にも存在していたので、そこを舞台にした噺である（お上公認だから、けっこう安かったんだよ、と古い落語家はときどき言っていた）。たぶん多くの男性には馴染みの場所だっただろうし、経験の浅い人たちにとっては「遊郭でのお遊び案内」にもなっていたのだとおもわれる。

特に、地方から出てきた人（ないしは地方在住の人）にとって、「吉原遊郭」はある種の「都会そのものの象徴」だったので、それを落語でご案内というのは、かなり需要があったのだろう。昼の吉原は、実際に女子供も見物に行く、というくらいの江戸東京の名所であった。いまの風俗店とはそのへんが違っている。

若旦那の初めての遊郭体験噺である「明烏（あけがらす）」や、品川の遊郭で人気が落ちた花魁の悪あがきを描く「品川心中」、客を選り好みする女郎の「お見立て」、女郎を終えたらあなたと夫婦になるといろんな男と約束しているしたたかな女の「三枚起請（きしょう）」など、いろいろ痛快でおもしろい演目がある。

これらは、いまでもキャバクラやそこらで、似たような「商売女と男客の駆け引き」が行われているから、ふつうに聞けるのだ。早い話、客の男は「いや、おれだけは他の客とは違うんだよ、ほんとに惚れられてるみたいなんだ」とおもいこんでいて、それは明和も享和も昭和も令和でもまったく変わってない風景なのだ。いや、それにしても和の入った年号って多いのね。

落語らしいものといえば「お金持の商家」の噺も落語らしい。

そこには遊び人の若旦那がいて、いいように金を使う。やがて勘当されて、いやいや働き出す。道楽な若旦那の噺シリーズである。「湯屋番」「船徳」「唐茄子屋政談」「紙屑屋」などいろいろあります。なんというか、馬鹿なことやってるなあとおもうが憎めない、というのが若旦那シリーズのいいところだ。

お殿様やお奉行さま、それから武士の意地などを見せる噺もあって、これはいかにも「古典の落語」という感じである。明治以前の噺だからね。「井戸の茶碗」「柳田格之進」「目黒のさんま」「妾馬」「火焔太鼓」など。庶民と偉いお侍さんとの身分を超えたやりとりがおもしろい。

お奉行さまが活躍するお裁きモノは「三方一両損」「五貫裁き」「小間物屋政談」「佐々木政談」などがあって、江戸落語ではだいたい大岡越前守が解決してくれる。

ただ、人情落語はほわっとするものばかりではない。

かなりタフな噺もたくさん出てくる。つまり、悪い奴がしっかり描かれている落語だ。ピカレスクロマンとでもいうか、悪党がそのまま活躍するものもあれば、ふつうの人間がふっと犯罪に走る瞬間が描かれているのもある。タフな、というのはそういう人生のダークサイドも見せてくれるところを言っている。

遊郭で無銭で遊んじゃおうって連中は「居残り佐平次」「付き馬」「突き落し」などで出てくる。まあ口がうまくて、人をうまく騙す喋りが見事で、なかなか憎めない。こういう小悪党をうまく演じてこその落語家だろうって感じはしますね。

「夢金」「鰍沢（かじかざわ）」「もう半分」「包丁」などという噺は、人間のダークサイドに焦点を当てた落語である。怪談ではないが、かなり怖い話でもある。幽霊が出ないぶん、よけいに怖いところがある。怖い噺は、やはりどうなるのかぐっと聞いてしまう。

「らくだ」はかなり多くの人が演じる噺で、酒飲みの噺のように仕分けられていることが多いが、これはこれで「悪党のドラマ」でもある。らくだと仇名される男がその悪党本人なのだが、彼は落語が始まったときにすでに死んでいて、それがこの落語をとてもおもしろくしている。

「黄金餅（こがねもち）」「品川心中」「しじみ売り」「双蝶々（ふたつちょうちょう）」というような落語も、真っ当ではない人たちが出てくる。これはこれでみんな必死で生きているんだという描写でもあるが、なかなかタフな人間たちが目の前に出てくる。人の生き死にに強く関わっているからとても聞き応えがある。

本格的な怪談は、幕末明治の巨人、三遊亭圓朝がこさえた「怪談牡丹灯籠」「真景累ヶ淵」があり、これは夏になると、いまだによく演じられている。このあたりは、怖くもあるが、また人間の哀しさも描いている落語である。演者によっての味わいもずいぶんと違う。

それから「ファンタジー」と言っていい分野がある。

まず富くじ、つまり昔の宝くじですね、これの一等の千両に当たっちゃうという落語がけっこうある。いまでいえば10億円当たっちゃったって感じでしょうね。「宿屋の富」「富久」「御慶」「水屋の富」。当たったからってみんなが幸せではないところが落語の深さである。この四つの噺のうち一つだけ、当選金を盗られちゃう。

動物ファンタジーというのもある。早い話が動物がふつうに喋る噺である。キツネとタヌキを始めとして、いろんな動物が喋る。

キツネのほうだと「王子の狐」「安兵衛狐」「紋三郎稲荷」。

タヌキのほうは「狸の賽」「狸の札」「狸の鯉」「権兵衛狸」。

あとは犬ものの「もと犬」「大所の犬（鴻池の犬）」、猫も「猫忠」「猫定」、蛇もの「田能久」「夏の医者」「蕎麦清」などなど。みんな楽しい。

「名人ファンタジー」という分野があって、だいたい名工・左甚五郎ものなんだけど、名人が作った作品が命を持ち、実際に動く、という伝説ものである。「竹の水仙」「ねずみ」、あと甚五郎ものではない「抜け雀」などがある。

神様が現れる、ないしはその功徳が得られる噺もあって、昔の人はいまより信心深かったということなのだろう。代表的なところで「景清」「ぞろぞろ」。なかでも印象的な神様は「死神」。これはけっこう聞く機会の多い「長い落語」のひとつ。「死神」が出てくるのだけれど、人情味がそんなにあふれてるわけでもなく、そんなに怖い怪談でもなく、どっちかというとドライな噺で、だから多くの人が演じやすいようである。原典は外国作品だと言われている。

人情噺の紹介は続けると切りがないので、このへんにしておくが、まだまだ紹介してない長い噺はいくつもある。
よく聞くもののタイトルだけでも挙げておくと、「愛宕山」「不動坊」「笠碁」「百川」「大工調べ」「三軒長屋」「阿武松」「甲府い」などなど。いつか機会があれば聞くこともあるでしょう。

「古典落語」と「新作落語」

いまのところ紹介した「笑える噺」と「長い噺」が落語らしい落語で、つまり落語を知らない人が思い浮かべる落語でもある。いわゆる「古典落語」と呼ばれる落語だ。

先にも書いたが、「古典落語」というのは昭和期にできた言葉である。それ以前には「古典落語」「新作落語」という区分けはなかった。つまり天明寛政のころから伝わっている古い落語と、明治初年に作られた新しい落語はべつだん区別されていなかったということである。

落語の歴史の項目で触れたが、日本社会がわかりやすく変質するのは大正年間である。大正時代の初めには、明治維新の記憶が鮮明にある人がたくさんいた。つまりリアルに武士の時代を知ってる人がまだまだ生き残っていた。その人たちがどんどん歳を取ってしまって社会の一線から退くと、わかりやすく社会が変わっていったのだ。

ラジオの出現前と後という分け方もできる。

昭和に入って、それまでと違った空気の社会を舞台にした落語は、江戸明治からの落語とは異質のものに感じられた。だからそれは「新作落語」として紹介されることになる。

いまも「新作落語」は盛んに作られている。

古典落語だけしか演じない落語家もいるが、新作もやる落語家も多い。数でいえば、新作も古典もやる、というタイプが21世紀落語の主流だろう。

落語は混じっていろんな作品が演じられるので、どれが新作でどれが古典かはわかりにくいこともある。いちいち区別する必要もない。

何だってありというのはそこにもある。

女性落語家が以前よりは少し増えたのだけれど、彼女たちは、いま、「男向け」に作られた古典落語をどう演じるのかの工夫を重ねているところである。

また、女性ならではの視点からの新作落語もいくつも生み出している。

女性落語家の将来は、かなり「女性が作った新作落語」にかかっている部分がある。

やがて古典化しそうな、女性ならではの女性主人公の落語が次々と生み出されることを期待するばかりだし、いままさにそういうものが作り出されている現場に立ち会うことにもなる。当然、おそろしいような失敗作を聞かされることもあるのだけれど、それを聞いてこその歴史の証人になれるわけである（なりたくないと言われたらどうしようもないけど、まあ、落語を聞くかぎりは、なってやってください）。

新作落語には、やや古典化しつつあるもの（少なくとも当人が何十回とやって定番化しているもの）と、いま本当に作られたばかりでこの先どうなるかまったくわからないもの、が混じっている（当然、その中間のものもある）。

現代を舞台にして、現代の人物が出てくるが、でも会話をやりとりで成り立たせているのが新作落語である。

上方落語の六代目桂文枝（新婚さんいらっしゃいの文枝）は新作落語をいくつも発表し、それはいま東京に移籍され、寄席で、違和感なく演じられている。柳家はん治で見ることが多い。「ぼやき酒屋」「鯛」「妻の旅行」などは、いつ聞いても楽しい。

また「ぐつぐつ」という落語は、柳家小ゑん(こ)の新作で、おでん屋の鍋のなかで、おでんの具同士が会話するというファンタジー感しかない落語だけれど、冬場になると複数の演者が演じて、必ず受けている。とても楽しい落語であり、やや古典化しつつある演題でもある。そういう新作がいまも落語の裾野を広げている。

そのほかの落語

これ以外の落語もある。

高座に出てきて、自分の身の回りに起こったことだけを話している落語家がいる。「漫談」と呼ばれるものである。物語があるわけではなく登場人物を演じ分けるわけでもなく、自分が見聞きした身の回りの噺だけで終始して、10分少々、その噺だけで終わってしまう。そういう高座である。

しっかり古典落語を話す場合でも、だいたいの演者はいきなり落語に入らないで、少し世間話をすることがある。マクラと呼ばれるもので、決まりきった伝統的なマクラもあれば、最近、自分の身の回りで起こった話をする人もいる。あれは、たいていの場合、自分に与えられた時間が15分で、自分がこれから演じようとする落語が11分しかないので、その前の4分を何とか埋めている、ということが多い。

慣れていると、世間話から古典落語に入っていくつなぎ目がさりげなくて、すっと入ったなとおもわせるのだけれど、若手の慣れてない人だと、マクラの部分から落語に入るつなぎ目があきらかに連続してなくて、無理矢理入っていくこともある。それはそれでおもしろいんだけど。「えーと、これから落語に入ります」と言う人もいて、ちょっと笑っちゃう。

出てきた落語家が、身の回りの話をしはじめ、3分くらいで終わって古典に入るのかなとおもってぼんやり見ていると、5分に延び、7分になり、10分を超えて、マクラが長いなあとおもってるうちに、そのまま終わってしまうことがある。

見慣れてないと「ええーっ、この人、きちんと落語をやらずに、自分のおもいつきの噺だけで終わってしまったーなにそれー、なんかこの人のぶんだけ損した」とか考えてしまいがちである（私が最初見たころ、そうおもってしまったということなのだが）。

古典こそ落語だとおもいこんでいて、会話のやりとりがないと落語じゃないとおもっていると、「なんかおもいつきで適当に話している」ふうに見える。

自分の知り合いの社長に、パピプペポで歌を歌えないかいと言われて、やってみましたよ、とパピプペポだけで歌をいろいろ歌ってみて、それで終わっちゃう落語を聞くと、なんだかごまかされた気分になるのである。

ただ、これも立派な落語なのだ。

雑談に聞こえるものが、きちんと落語だと味わえるかどうかに、落語を聞いている量の差が出るようにおもう。何でもない身辺雑記の雑談だけで終わる高座も、立派に落語である。というか、へたな古典落語より、よっぽど落語らしい落語だとおもう。そのへんがやはり「落語」というもののすごいところである。

身辺雑記だけで終わる話は、じつは毎回、同じセリフと間合いで語られる。聞くたびに少し違う、ということが起こらない。古典落語のほうが、どっちかというと毎回違うということが起こる（演者によるけど）。この「漫談ふう身辺雑記落語」はテキストが完全にできあがっていて、一言一句違わない。間合いも同じである（客層と時間によって少し変えられるが、中核部分は必ず同じである）。何回か聞いてるうちにこっちも覚えてしまって、だいたい喋れるくらいになる。

まさに落語だ。

知り合いの社長に言われてパピプペポで歌うというのは、三遊亭遊三の「パピプ」、自分の両親と、死んじゃった妻の両親と、いまの妻の両親と六人がおれの家に一緒にいて、じじばばばっかりで大変なんだよ、というのは三代目圓歌が話していた「中沢家の人々」、戦争中はずっと軍歌ばっかり聞かされて、でも勝ってるときは軍歌も明るかったけど、戦争も後半になると暗いマイナー音階の軍歌が多くなったんだよなあ、でもって戦争に負けたらジャズ一色だよ、びっくりだよ、というのは川柳川柳（かわやなぎせんりゅう）の

「ガーコン」（なんでガーコンと呼ばれるかは最後まで聞けばわかる）。

寄席によく出てる落語家は、このパターンのものを持ってる人が多い。

落語協会は、この「中沢家の人々」で人気だった三代目圓歌が八代目の会長を務め、その次が「落語協会会長になりたい」ということだけを話し続ける「会長への道」を得意としていた鈴々舎馬風が会長になった。つまり「寄席ではいつも漫談じみた落語しかしない落語家」が連続してトップであり続けた時期（１９９６〜２０１０年）があって、たしかにこのころから落語界の空気は変わっていった。まあ、その次はさすがに「人間国宝（になった）」柳家小三治が会長を務め、続けて古典落語の名手である柳亭市馬が会長になっているんで、そのへんはバランスを取っているみたいだけれど。

「一見漫談に見える落語」のポイントは、とても受ける、というところにある。

圓歌の「中沢家の人々」は何十回と聞いたが、受けてないのを見たことがない。そして何十回聞いても、私もまたつい笑ってしまう。まさに落語である。

慣れてないと落語には聞こえないかもしれないが、しかし同業者のプロは、そういうぜったいに受ける鉄板ネタを持ってる芸人をとにかく認めるものである（でないと会長になれない）。それに寄席の経営者も重宝する。

寄席では、出てくる落語家がみっちり古典落語ばかり演じ続けると、客が持たないのである。なんだそりゃ、という軽いものがはさまらないと、2時間、3時間と聞いていられないのだ。だから、こういう身辺雑記的だけれど必ず受ける演目はプロにはとても重宝されている。

落語は、じつはチームプレイである。

落語一席はそれぞれの演者が一人きりで演じるけれど、寄席興行は必ず複数人でやるので、それぞれが自分たちの役割をきちんと演じ分けなければいけない。全員が得点を取りにいこうとしたら負けてしまうわけで、守る人、アシストする人、それぞれの役割を演じてこそ、客を満足させられるわけである。みんなが助け合って生きている。落語とはそういうものだし、落語界はそういう世界である。自分の責任を全うしつつ、互助しあう。

「漫談雑談的な落語」も立派な落語である、ということは、覚えておいたほうがいい。新作落語の一種であるが、基本、当人しか演じないということと、会話で成り立っていないというところに特徴があり（落語に聞こえないという特徴である）、それがきちんとした一分野を形成していて、「寄席」ではとても重宝されている存在なのだ。

落語は古典落語と新作落語だけではない。あまりにも刹那的に見える話こそ、落語そのものでもある、ということだ。こういう話にもタイトルが付いているが、べつだん、客はそのタイトルを知りたがらない。タイトルを知ってもしかたがないとおもわせるところに、落語の本質がある。

第4章

落語家とはどういう人たちか

落語を話す人が落語家である。

ただ「落語」は広く公開されている。つまり誰だって覚えれば、プロでなくても落語はできる。実際に素人が人を集めて素人落語を聞かせることがある。昔からある。

いろんな有名落語家の前歴は、だいたい「素人ながら落語を演じていた」というのがふつうで、江戸の昔からみんな勝手に落語を演じていたわけである。

おそらく令和の現在でも、落語を勝手に喋って聞かせている人たちは全国にいるだろう。そもそも「大学の落語研究会出身です」というのは、素人時代に素人の会に出てました、ということで、これまた素人落語家出身ということになる。

だから「プロフェッショナルの落語家」と「アマチュアの落語家」は、落語を喋れるかどうかではなく、別の基準で厳格に区分けするしかない。

プロの落語家とは

「すでにプロとして活動している落語家に弟子入りすること」

これがプロになる条件である。これだけである。そして、これだけでしかない。その部分が、また厳しいものとなる。

「弟子にしてください」とある師匠に頼みこまないとプロにはなれないわけである。

「いや、うちはもう弟子は取らないんだよ」といわれても「そこをなんとか」と粘る。

そういうやりとりを経ないとプロの落語家にはならない。

もちろん「弟子にしてください」「お、いいよ、いつからくる?」というすごいイージーなのもあるらしい（そこまでイージーかどうかはわからないが、このへんは人による）。

何でもいい。とにかく師匠に（なる人に）弟子にしてくださいと頼みこんで、それを許されるところからしか始まらない。

師匠からのスカウトもあれば、誰か仲介者に口を利いてもらう人もいる。つまり直接、「弟子にしてください」とは口にしない場合もある。でもとにかく、「誰かの弟子になる」ということをしないとプロにはなれないのだ。

この、いかにも昔からの制度が、落語の大きな部分を担っている。文化文政のころからそうで、昭和令和のいまもそうである。昭和令和ってなんか音感的におもしろいな。

師匠のところに入門できたからといって、それでプロの落語家になれたわけではない。

まあ、師匠の立場で考えてみたらわかるが、道を歩いていたら、いきなり「身内にしてください」と言ってきた若者がいて、もし引き受けたら、そやつの面倒をずっと見なければいけないわけである。一生とは言わないが、十何年かは、ずっと見続けなければいけない。そして関係は両者が落語家であるかぎり一生涯続く。

そうなるとやはり、どんな人間なのか見極めないといけない。だから試用期間を持つ。

そもそも本気で落語家になりたいとおもっているのか、若い人の気の迷いってのはよくありますから、それを確かめないといけない。気の迷いは本人さえも気付いてないからね。ほんとに続くのかどうか、人に迷惑をかけ続けるやつではないのか、それをしばらく見ないとわからない。

しばらく「人として、どういう人間なのか」を見る。

喋りがうまいかとか、落語をよく知ってるとか、そんなことはどうでもよろしい。落語家にとって大事なのは落語がうまいことではない。そういうことを本人がどこかでわかっているかどうかを見ていく。

慣れれば師匠の仕事についてこさせることもある。ただ、あくまで「見習い」である。弟子ではあるが、落語家ではない。かつてはこの「見習い」がまったくない時代もあった。かつてって言っても平成時代の前半ころ。弟子入りしてくる若者があまりに少なく、年に何人かというレベルだったので、寄席やいろんな場所での「若い人」があまりに足りなくなり、だから、どこそこに新しい弟子が入ったらしいと聞くと、すぐに寄席のほうに働きに出してくれないか、と言われ、見習い修行もそこそこにすぐに寄席に入って下働きをした時代があったらしい。

そういうのもすべてタイミングである。

その昔、この国が世界相手に戦争をやらかしていたころは、日本中の若い男が根こそぎ戦場に持っていかれ、落語家になる若い者などいるわけがなく、見習いはもちろん、前座も飛ばして、ほぼ二ツ目という位置からスタートする、ということもあったらしい（十代目金原亭馬生。まあ、父が落語家だったから、というようなこともあるだろうが）。

修行の始め方

落語家になるには、師匠のもとでの見習いをすませ、そのあと「前座」となり、やがて「二ツ目」と呼ばれる身分になって、最後は「真打」になり、そのあとは「ご臨終」というのが定番のギャグ。

師匠のまわりでしばらく、「見習い」の期間がすぎれば、芸名が付けられ、晴れて「前座」として寄席に入る。

寄席に入って、ひたすら働く。

修行なので、基本は無給である。当たり前ですね。修行で給料をもらおうという修行者はいない。それが昔からのシステムである。

この世界が延々と作り上げてきたものを、この先、無料で一生使わせてもらうのだから、修行期間を無給で過ごすのは当たり前なのだ。そのあたりが近代以降の「賃労働」中心の世界とはまったく違う。

考えてみればいまの世の中は「賃労働」という職種が社会の主流になってしまい、その人たちから見れば、近代以前のこういうシステムがまったく理解できなくなっているようだ。

ただ人類の歴史という長いスパンで見れば、こういうシステムのほうが人類にとってふつうであり、賃労働のほうが異様であると見ることもできる。考える立場の違いでしかない。

前座に賃金は払われないが、交通費が出る。一日一律千円とか、それぐらい。少し遠いところから通うと往復で足が出る。まあ、前座はその組織の一員ではあるが、組織に一円の儲けももたらしていないので、そのへんはしかたがない。偉くなるしかないのだ。仕事をしているがわかりやすい報酬をその場ではもらえない。

前座仕事の報酬は、「一生、食っていくためのスタイルの吸収」である。

無給ではあるが、つまり月々の決まった支払いはないが、無収入ではない。また、飲み食いは基本、師匠や先輩たちに出してもらえるから、生きていくのにそんなに金がかからない身分でもある。

休みもない。修行ですから。

一年中休みがなくて、江戸時代や明治時代のころの小僧さんと同じである。週に一回休みというようなことはない（そもそも「一週間」というシステムが日本のものではない、あれはキリストさんのものである。寄席はいまだに「週」と関係なく運営されている）。

まあ、適当に休みはあるんだけれどね。定休ということはない。落語世界に出てくるような商家の小僧どんにとっての定休は「盆と正月」だった。それと同じような世界にいる前座には本来はそういうレベルの休みしかない。

「前座」はまだプロではない。前座が人前で喋って、お金を取ってはいけない。大人の集団から見て、前座はまだ一人前と認められていないのだから、半人前以下の存在で、勉強中の身の上で、プロの落語家ではない。

そもそもこの期間に教えられるのは「落語」ではなく、「落語界で生きていくためのあらゆること」となっている。落語を覚えることが第一義ではない。落語以外のいろんなこと、挨拶のしかたから、着物のたたみかた、師匠連中への応対、寄席での裏方の動き、もっともっと裏のこと、いろんなことを学ぶ。そして落語家として生きていくためには、落語を覚えるよりも、そっちのほうが大事なのである。それがわからないとこの世界ではおそらく生き残れない。

　こういうことが若いうちにはなかなか気付けない。

「落語家になるために入門したのに、どうして落語を教えてもらえないんだ」と悩むのがいろんな物語でも定番であるが（落語にかぎらず、いわゆる修行系統の物語すべての定番ですね、同期で入った小才の利くやつがだいたいそういうことを言って主人公を誑(たぶら)かす）、落語なんてあとからいくらでも覚えられるから、それより前に大事なことがある、それを覚えておけ、ということであり、そしてそれは決して説明されることがない。

「そうだったらそうと教えてくれればわかったのに」と言った時点で、ほぼ資格喪失である。教えてもらえばわかるんだという姿勢でいる時点で、その人はもう芸人に向いてないということになるのだ。

　まあ、そうだろう。

教えてもらえるのは前座のときだけで、そのあと一生、ずっと自分で気付いていくことによってのみ生き延びていくわけだから、最初の時点で、教えてもらえばわかるのに教えてくれないのは教えないほうの責任だという考えを持ってる時点で、この世界で生き延びていくのがなかなかむずかしい。

そんなことはプロの落語家のほうはわかっている。

教えたいけど、教えたらダメになる。

そのまま放置するしかない。

気付いたものだけが残る。ある種の放置であるし、いわば自然そのものに近い。

そういう本性は、いわば自然なので、人間が頭で考えたことで手を加えたところで、何ら影響があるわけではない。当人が気付くのを待つしかない。

人間存在は自然気候のようなもので、人の力でそうそう変えられるものではない、ということでもある。

プロとアマの違いは「前座修行をしたかどうか」

「前座」仕事をしていると、前座仕事でしくじらないようにすることで手一杯で、高座に上がって落語を演じるところまでそうそう手が回らない。まあ前座修行は、4年から5年続く。ずっと修行である。

落語家が高座でよく前座のときは奴隷ですから、というセリフを言って、ときどき受けているけれど、べつだんあれはギャグではない。すべてのプロの落語家は前座を経ているので、前座がほぼ奴隷扱いされるのを経験済みなのである。実感を込めて、そういうことを言っている。

「自分が前座だったことがあるんだから、いま、この前座に用事をいいつけたら大変なことになるってことくらい見て取って頼めばいいのに、それができる師匠とできない師匠がいるんだよね」と若い落語家がひそかに愚痴っていたのを聞いたことがあるから、まあ、偉くなったからといって、すべてがわかっているものでもない。社会はそういうものである。

下の者の気持ちも察せられる師匠もいれば、察することができずに自分のいまの力だとおもって前座に次々と用事をいいつける人もいて、なかなか社会も自然も理不尽である。

前座はプロではない。前座が人前で喋って金は取れない。だから必ずプロの落語家（二ツ目以上）が喋る前に出る。この前座の落語は料金に含まれていない。

寄席ではいまでも、わかりやすくそうなっている。

寄席で、昼の部12時開演、となっている場合、前座は11時50分ころに高座に上がる。そして12時には下りる。つまり開演前に一席演じているのだ。12時からプロの落語家が出てきて話す。

だから落語会は12時開演となっていても、その10分前から（場所によっては15分前から）前座が出てくることがある。そのへんの前近代システムを理解しておいたほうがおもしろい。

開演前だとおもって11時55分に着いたらすでに落語をやってる人がいて、「しまった、遅れた」とおもってしまいがちだが、べつだん、遅れていない。プロでない人が喋ってるだけなので（そしてそれはたしかにじっと聞くほどのものではないものが多いので）かまわず席を探して座ればいいのである。前座の一席を終わりまで待つ必要はない。

ただこれはどうも昭和の論理らしく、寄席はともかく別の場所での落語会でそういう形式で始まっていると、前座が終わるまで、待つ人が多い。どうなんだろうとおもうが、みんながこの知識を共有してないかぎり、しかたがない。前座であろうと、それを聞いてるほかの客の邪魔はしてはいけないだろう。

ただねえ、しっかり聞くのが前座のためになるとは私はおもえないんだけどね。練習だからなあ。試合前の練習みたいなもので、それはもっと気楽に見るもんじゃないかな。その試練を経たほうが、前座はきちんとうまくなるんだけどね。

前座の高座もきちんと聞く、という原則を無視した「わけのわからないマナー」を作っていく人たちの流れでは、前座とそのあとのプロとの落語をべつだん何の差もなく聞いている人が多いようにおもう。「修行中である前座」へのおもいやりが逆に欠けているようにしか見えない。前座は前座でしかない。このまま本物のプロになるかどうかもわからない、という存在でもある。前座は向いてないなら辞めるチャンスの時期でもある。そのへんを考えると、しっかり聞くものではないだろう、と私はおもう。

プロとアマの落語家の違いは「前座修行をしたかどうか」にある。

これには、師弟関係をきちんと持ってないとプロではないということと、それと同時に、実感として「あの苦労をしてないやつはプロではない」という軽いルサンチマンが込められてるようにもおもう。

もちろん恨みがましいこともいろいろあってそれに耐えたということも大事だけれど、でもその言葉の裏には、「前座時代にあらゆることを教えられた」という意味も含まれているわけで、芸人だからそんなことをまじめに語るわけがない。こういう言い方になる。でも意味はそういうことである。

前座として社会の最下層からその社会を支えたことがない者はプロとしては認められないということであり、また、その社会のしきたりや裏の事情がわかってないようでは一人前とはいえない、ということであろう。

二ツ目からが正式の落語家

前座修行が終わると、二ツ目に昇進する。

二ツ目、というのは寄席での出番のことである。

開演前に一番手の前座が出る。次の二番手に出るのがこの二ツ目である。1つ目が前座、2つ目に二ツ目が出る。3つ目、4つ目、と出順によって呼んでいるのを聞いたことがあるから、そういうのが寄席の出順の呼び方のようだ（3つ目は若い真打が出ることもあれば、落語以外の演芸が出ることもある)。

二ツ目はプロである。正式の落語家になる。

だから「羽織」を羽織れる。前座は着流しで、上着を着れない。着ていない。

このあと「真打」という上の位があるが、それよりも前座から二ツ目に昇進したときのほうがふつう嬉しいらしい。

相撲界でも、幕下までが修行の身で、十両に昇進して初めて金を取れるプロになれるわけで、横綱になったときより十両になったときのほうが嬉しい、ということをどの相撲取りも言う。それがふつうの感覚のようだ。同じ江戸からの修行システムとして、落語家もやはり「二ツ目になったとき」がもっとも嬉しいものである。人扱いされなかったものが、一転、一人前に扱われるときが、やはり一番嬉しいものであろう。

二ツ目も地味に披露興行がある。

寄席で「二番手の出順以外で」新二ツ目が出ることがある(本来の二番手で出ることもある)。プログラムに小さく「新二ツ目昇進」と書かれているくらいで、べつだん派手に祝われているわけではない。羽織を初めて羽織って、高座に上がっている。これはこれで緊張しているのが見てる者にまで伝わってくる。羽織を羽織って高座に出ると、それをいつ脱げばいいのかわからない、と多くの二ツ目は言っている（ぜったいに途中で脱ぐべきなのに、最後まで羽織を着たままで汗だくになっていた新二ツ目の高座も見たことがある）。

落語家は、羽織を着て高座に上がることが多いのだが、だいたいの場合、羽織は途中で脱ぐことになっている。最初、お客さまにお目もじするときにはきちんとした格好で現れ、実作業になると、失礼して羽織を脱いで作業させていただきます、という感じである。落語に入る前に脱ぐ人もあれば、落語の途中で脱ぐ人もいる。

前座、二ツ目、真打というシステムは、学校に行かなかった時代のシステムである。天明寛政のころに、小学校や中学校はない。高校も大学もない。義務教育はない。じつはそのぶんかなり気楽だったはずなのだが、そういうことはあまり語られない。落語を通してかなり感じられることではありますけどね。

学校がない時代、いくつから働くのか。

大人になるのは20歳だからそれから働くというようなふざけた人間はまずいない。この時代に20歳まで遊んでるやつは、だいたい一生遊んで暮らして、ろくな人生を送らない。

ふつう働きに出されるのは、10歳くらいである。明治時代になっても義務教育である尋常小学校は4年、つまり6歳で入学して10歳で卒業するものだった。10歳から働くのがふつうだった。明治末年までずっとそうだった（明治末年に義務教育期間が延ばされた）。

落語家の弟子（見習い）になるのは早くて10歳くらい、でもいきなり芸人というのは特殊だから、だいたいはどこかの商家へ丁稚（でっち）奉公に出るがそれが続かなくて、しばらくしてから落語家の修行に入ったということが多いので、12、13歳から14、15歳あたりがふつうだろう。いまの中学の途中からか、中卒くらいから、という年齢である。

そんな子供が入門してきたら、そこから4、5年修行をさせるのは、当たり前である。ほんとに子供だから、そもそもの大人の社会や、働くということから教えるしかない。

商家の丁稚も落語の前座も同じで、休みなく、給料もなく、ただ「食べるものと寝る場所と着るもの」が支給される。19世紀の日本ではそれが支給されるだけでも幸せである、というのが前提であった。親元で暮らしているより、それのほうが幸せな環境という子供も多かった。

そこから数えると、15歳から18歳あたりで「二ツ目」になる。

武士でいえば元服であるが、芸人と武士を並べるだけで斬られそうな気がしてしまう。

二ツ目は、つまり「青年」扱いでもある。

若い衆とも呼ばれる。基本は「未婚の成年男子たち」のことを指している、（だいたい15、16歳くらいで大人になる、というのが社会の了解であった。年齢で決まるわけではなく個々人の所属するところの都合で成年になる時期が決められていた）。

いまのシステムと同じなら、そこから10年ほど、「二ツ目」を続けることになるが、ただ、昔はあまりそういう人はいなかっただろう。

早いと数年で「真打」になる。つまり「若い衆（青年時代）＝二ツ目」の時代は20代そこそこまで、ということになる。20代後半にはそこを抜けだして「大人（真打）」になっていく。

出世しないと年をとってもずっと「若い衆」のままである。落語でも「若い衆にしてはずいぶん頭が禿げておるな」と侍にいわれ、宿屋の者が「畏れ入ります、こういうところに奉公しておりますといくつになっても若い衆と申します」というやりとりがある。それが江戸のシステムだ。

いまと違って、上のランクに上がる実力がないと、ずっとそのまま据え置きである。食えなくて商売替えしていった人も多かっただろう。

とにかく10代半ばから20代そこそこまでという若者の時代が「二ツ目」である。そのあと真打になる。

いまのシステムでは、ほぼすべての落語家が、二ツ目になって10年から12年くらいで順に真打に昇進できるようになっている。

江戸の昔は、そういう順繰りに昇進するというシステムではなく、本当にその名前を掲げるだけで客が集められる実力者しか、昇進させられなかった（とはいえ、温情やら縁故やらで微妙な者が昇進するということは、よくあるのだが）。

とりあえず、12歳で前座、17歳から二ツ目、23〜25歳くらいから真打、というのがひとつの基本的なモデル年齢だろう。もっと若く真打になってる人もいる。

それが落語界の「前座」「二ツ目」「真打」の本来の姿である。

いわば「子供」「青年」「大人」という違いになる。

いまは20歳を越えてから前座になるから、大人なのに子供の修行をさせられてしまうのだ。それは選んだほうが悪いということになる。落語界のほうはそのシステムを崩すわけにはいかない。

21世紀になって、とんでもない年齢から入門する者が増えて、落語協会は「入門者は30歳以下」という規定を設けたくらいだ。でもよその団体はその規定を設けていないので、そっちへ行けば30越えてから子供（前座）になることもできる。かなりきついとおもうけどね。

会社を定年してから前座に入った老人もいたらしいが、その後、見かけないからやめたのだろう。大真打と年齢が近いから、前座のくせに、大幹部にふつうに声をかけて、楽屋が震撼したと聞いた。ある意味、江戸落語界始まって以来の騒ぎでもあったようだ。

二ツ目は青年

二ツ目は青年である。

だから二ツ目時代に結婚してしまう者も多い。まあ、いまは大学卒業22歳で入門というのがふつうだから、前座修行が26歳まで、そこから15年かかると、真打になるのは41歳だから、そこから結婚相手を探していたら、みんな春風亭昇太になってしまう。昇太の弟子が次々と結婚するのは当然なのである（とおもってたら昇太さんは本物の老人になる前に結婚しちゃいました）。

芸人として、まだこれから可能性のある二ツ目のときに結婚しておいたほうが、相手が一緒に苦労してくれるからいいとおもう（亭主の稼ぎをあてにしないで稼ぎ続けてくれるらしい）。それに、嫁のほうからしても（女性落語家だと旦那のほうからしても）先物買い的な気分で、やがてこの人は出世するかもしれないと惑わせるレベルのときに結婚してしまったほうがいいとおもう。

二ツ目は「前座の修行」が終わっているから一人前である。

前座時代は一日も休みがなかったが、二ツ目になって最初の昇進祝い興行が終わると、あとはずっと暇になる。おそろしいくらい暇になるらしい。

前座時代の終わりから売れて、二ツ目になってもずっと仕事が途切れない、という落語家も、まあ、いないわけではないが、滅多にいない。

だから自分の会をやったり、同期メンバーと会を始めたりする。21世紀に入って、この二ツ目の会が盛んである。そりゃまあ、昭和の時代よりぐっと二ツ目の年齢が高くなっていて、二ツ目といっても青年とは言い難く、もはや中年に近い連中も多いので、大人としてみな活発に動いているということでもあるだろうが、とにかく「若い衆」が元気である。

二ツ目が元気なのは、業界をとても活性化しているとおもう。

いまは二ツ目に昇進して10年くらいで、真打になる順番がまわってくる。

「売れる真打」と「売れない真打」

入門してだいたい15年ほどで、真打に昇進することになる。

もともと真打は、特別な実力者しかなれなかった。その人の名前だけで客が呼べる者だけがなれたわけで、つまり「スター」を指していた。だから昔は、真打になれずに芸人生涯を終える者もけっこういたわけである。前座のまま老人になる芸人もいたらしい。この場合は、落語家ではなく、劇場付きの雑役係（前座落語もやる）という別の仕事だったと見たほうがいいかもしれない。

いまはみんな真打になれる。だから「売れる真打」と「売れない真打」に分かれている。そのへんは何となく雰囲気でわかる。

真打と二ツ目の大きな違いは二つ。

一つ目は寄席の興行主任になれる。

もう一つは、弟子を取ることができる。

その二つである。ついでに「師匠」と呼ばれるようになる。二ツ目は師匠とは呼ばれないということである。まあ、これはわりとどうでもいいポイントですね。

寄席の興行主任をやる者を「真打」と呼ぶので、真打になると主任ができるというのは本来は逆なのだが、説明すればそうなる。

そもそも真打という言葉は、蝋燭の芯を打つ、芯打ち、から来てるとされている（この説明は、どこで読んでもなぜか歯切れが悪く、断言されていない。別の説もあるということのようだ）。

寄席の照明が大きな蝋燭だった時代、最後に出た落語家がその芯を打って（切って）火を消したから、最後に出る人を芯打ちと言ったという話である。つまりは「寄席の照明を切る係だから」ということで、なんかそのへんの語義は、私はどうでもいい。

トリは「収益金を取る人」

「主任」は俗にいう「トリ」である。

トリの語源は「収益金を取る人」の取り、とされている。

いまは協会が管理するようになっているので、寄席の売り上げをどう分けるか（割るか）は協会のシステムに従うが、その昔、協会がしっかりできてないころ（明治をふくむそれ以前）は、それぞれの落語家と寄席（小屋）との取り決めによって出演料が違っていた。

寄席興行は、「最後に出る人」の名前によって客を呼ぶ。これはいまでもほぼ変わりがない（柳家小三治とか、柳家喬太郎が最後に出る興行は連日満員になる）。

かつては、寄席小屋側が、落語家に直接交渉して「興行の主任」を頼んだ。1興行は明治のころは15日、のちに10日区切りでやっている（現在は10日区切り）。その10日ないしは15日がひとつの興行で、基本、同じメンバーで10日（15日）間、興行を行う。メンバーがいいと連日満員になるし、メンバーが弱いと空いている。2、3列におれ一人しか座ってないような空きぐあいになってしまう。いまでもそういう寄席がしばしば体験できる（したいわけではないが、でもゆったりしているのは少し心地いい）。

客が払った入場料を全部まとめて、小屋側と出演者側で（たとえば）折半する（半分ずつが基本のようだが、力関係などによってそこには傾斜が生まれる）。

つまり出演者の取り分の総額は、まず「主任」が「取る」。

取った金額から、それぞれのランクとその興行での役割に応じて、金を「割る」。

なので、その興行の演者側の責任者を「トリ」と呼び、給金のことを「ワリ」と呼ぶ。

この言葉はそういうふうに説明されている。

だからたとえば芸人同士で、「そっちの今回の興行で金を取る人は誰なの？」というふうな意味で「トリは誰？」と聞くわけである。「金を取るのは誰？」というわけで、べつだん最後の人を指しているわけではない。

トリの本来の意味は「興行の総括責任者（演者）」のことである。

だから何かのイベントで最後に出る人のことをトリというのは、本来、正しいわけではない。その人は興行金を「取る」のかという問題があるからだ。

でも、金ではなく、出順だけで見れば、たしかに最後に出る人のことを指しているから、意味として大きく間違っているわけではない。ただ、あくまでスラングである。いまでも寄席のプログラムには「主任」と書かれ、あまり品のない言葉である「トリ」とは書かれない。

もし日常生活で使うとしても、やや品の落ちるスラングであるように使われたほうがいいとおもう。世の上品なお母様方には、自分の子供が、最後の出演者のことをトリと呼んだら、そんな汚い言葉を使うんじゃありません、最後に出る人といいなさい、と教えてほしいなあ、ということでもある。上品なお母様方との接点は私にはないんでまったく関係ない世界の話ではありますけど。

ちなみに寄席興行に「大トリ」というものはない。

金を取る人と、金を大きく取る人はいない。寄席興行からいえば大トリというのは「かなり気持ち悪い造語」である。私は、できれば「大トリ」という言葉を使わない人間として生きていきたいとおもっているし、身近な人間が使ってると止めるけれども、そんなことはほんとにどうでもいいことですね。すません。

寄席興行の「総括責任者」である主任の仕事は、最後に出るだけではなく、メンバー決定にも参加する。寄席小屋側と話しあって、どういう演者を並べるかを決める。そしてそれをその芸人当人と交渉する（これも仲介者がいた時代もあるし、寄席にもよるし、いろいろではあるのだが）。

寄席では最後に出る人（主任）の次に大事なのは「途中休憩＝仲入り」の前に出る人である。この仲入り前の演者が、最後の主任と同じくらいの長いしっかりした話を演じる。ふつうこの人への「割り」が多くなる。あとはその人のキャリアから、「割り」が決められていく。

寄席で主任をやれるのが真打。

あとは　弟子を取ることができる。二ツ目は弟子は取れない。真打は自分の落語遺伝子を残す権利を持つが、二ツ目は持たないということだ。

とはいえ、先述の「名ばかりの真打」には弟子がいない人もいるわけで、そのへんもわりとシビアに分かれてくる。

そこが「大人」の役割でもある。

「名だけの真打」と「本当の真打」がいて、昔ながらの伝統は「本当の真打」が守っているということになる。


ちなみに1978年の六代目圓生による協会分裂騒動は（34ページ）、明治時代の寄席で育った圓生が（彼は子供のころから芸人だったので、明治42年／1909年から寄席に出ている）、「真打は、本物の実力者だけが選ばれるべきである」との考えを強く持ち、「順に真打にあげてやりゃいいじゃねえか」という次の会長（五代目小さん）の方針に反発したからだと言われている。

圓生は、自分が育ってきた昔ながらの寄席を大事にしたかったのだろう。まだ古典落語と新作落語が分けられることのない「現実世界と落語世界に境目のなかった」前時代の考えである。気持ちはわかるが、それを押し通すのはむずかしかったということなる。

真打に昇進すると（いまは複数人数で同時昇進するのがふつうであるが）、そのときかぎり、寄席で主任をやらせてもらえる。10日興行だから、五人同時昇進だと2日ずつ、三人昇進だと3日くらいずつ、それぐらいに分けるが、いちおう、すべての寄席（都内に四つ）でトリを取る。

ただ、その真打興行でトリを取ったっきり、二度とトリを取れない演者もいる。それがわかりやすい「名だけの真打」である。真打とされながらも、昇進時のお祝いをのぞき、二度と「芯を打つ」ことができないのなら、やはり名だけの真打と言わざるをえない。

いまは、とにかく真打の数が多くなっている。前座は4、5年、二ツ目も10年経てば次へ進むが、真打から先はない。その先はよく冗談ぽく言われるが「ご臨終」しかない。ただ真打昇進からご臨終まで、みんな優に40年はある。下からどんどんあがっていって、真打が詰まっていくはずである。

だから若い真打が、主任を任されるのはなかなかない。それでも任される若手の真打は、まわりに認められているということである。

そのへんは是非、注目してもらいたいところである。

第5章

落語と落語家をとりまく世界

落語界には「現代的ではない習慣」がいくつも残されている。落語そのものが18世紀のものだから現代的ではないというより「近代的ではない」習慣が残っている。これはこれで無茶な消費を始める前の人類の姿を見ているようで、ほっとする部分もある。

落語界の常識

まず「落語」というものを守らないといけない。

そこにはいろんな知恵が入っている。

「落語」には著作権がない。というか、落語を継承するシステムが作られたころ（だいたい1700年代の半ば以降）著作権という概念そのものがなかった。だから基本、著作権を主張しない。作者不詳の昔ばなし（「桃太郎」とか「浦島太郎」とか「金太郎」とか）のオリジナル性を主張する人があまりいないのと同じである。

落語は作者がわかっているものもあれば、不詳のものもある。誰も「誰が作った話なのか」なんて気にしていなかった、ということである。誰が作ったかは、言い伝えるほどのこととは考えられていなかった。ただ、19世紀になると（享和から文化文政、天保弘化、嘉永安政あたりになると）、「蒟蒻問答」は誰が作ったかとか、「船徳」のいまの形を作ったのは誰かということが伝えられているので（あくまで伝承ではあるが）、誰の作品かを意識してないわけではない。ただ、そこに金銭は発生しない。礼儀があるだけだ。

「落語」は「落語家たちという職能集団」による共有財産である、明文化されていないが昔からそう考えているのだ。

落語の伝承は、基本、口伝えで行われている。

本来の形は、教わる人と教える人が一対一で対峙して行われる。教えるほうが一席演じ、教えられるほうは凝視する。それを3回（3日）やる。それで覚える。自分で家で（どこでもいいけど）何度も何度も稽古して、仕上がったとおもえたら教えてもらった人に見てもらう。教えた人がそれでいいと認めてくれたら、初めて高座で演じられる。

これが録音機器類がまったくなかった時代の方法である。だからいまでもこれで何とかなる。録音しないほうが、たぶん、1回で覚えられる。どれだけ身体の能力を鋭くするかということが切実に迫ってくるからだ。ホモサピエンスは、追い詰められないと信じられないような能力は発揮しない。

いまは録音が許されることも多いし、人によってはそこまで細かく対応しないこともあるらしい。

ただ、とにかく「それを自分の持ちネタにしている落語家」から教えてもらう、ということが鉄則である。

私はときどきすごく珍しい落語を演った若手落語家に（かつての早朝寄席や、いまの深夜寄席で、終演後、演者が見送ってくれるところへ）すっと近寄って、「今日のはどなたから？」と聞くことがある。すべての落語家は即答してくれる。出自はあきらかなのだ。これはおそらく二百年の伝統だとおもわれる。

二百年前からあるネタだとすると、「そのネタはどなたから？」と順々に辿っていけば、寛政年間の初代三笑亭可楽につきあたるかもしれないし、烏亭焉馬まで辿れるかもしれない。そういうシステムで動いているのだ。

それが「落語」であり「落語界」である。

これが落語界全体で、落語を守っているということだ。

このために「前座修行」があるとも言える。その修行を乗り越えた仲間だけが、その集団の財産を共有できる。閉じられた集団なので、基本的な性向として、内向きな部分があるとおもう。身分制の厳しい時代に生まれた集団であり、ほぼ身分の外ともいえるような、いわば遊び人の延長集団といえるような団体だからだ。

外向けには明るく元気に見えるように振る舞っていても、その内実は、みんなで身を寄せ合って必死で守るしかない団体だったのだろう。それを核に持っているのが、この集団である。

日本に昔からある結社のひとつでもある。

そういう結社には、意味不明の掟があるものだ。意味不明だからといって頭で考えて排除すると、やがて身体的な損耗を蒙ったりするので気を付けたほうがいい。「年寄り」はそういうことを知っている。

「人によって伝えられた古いもの」はそもそも面倒だし、それを守り受け継いでいくのは、かなり厄介である。そのためにはいろんな手続きが用意されている。もともとは自分たちのために考えられたものだけれど、伝える人のくせによって奇妙な手続きが加わったりする。でもその正邪はあきらかではない。システムそのものを潰さないために、意味不明の手続きも一緒に継承していくしかない。落語界にはそういう部分がある。

落語のオチとは

そもそも「落語」とは何を意味しているのか。

もともとは「落とし噺」のことである。落とし噺とはいえ、ちょっとした笑い話というレベルのものがおおもとである。

「オチ」のある噺である。

では、「オチ」とはいったい何なのでしょう。


日常生活でも「オチ」という言葉が使われる。「その話にオチはないのかよ」「オチのある話なんかできないわよ、芸人さんじゃないんだから」というような使われ方をする。オチとは最後に話を「落とす」言葉だとおもわれている。

おもしろい話をしていても「オチがない」と言われてしまうこともある。

ここで使う「オチ」は落語におけるオチと同じである。

ただ「オチのある話」と「オチのない話」の違いは「最後にどかーんと笑える一言がついてるかどうか」ではない。

題材がおもしろいものであっても、話す順番を間違えてしまうと、オチのない話になってしまう。

問題は話す順番である。

たとえば、饅頭好きの男が、「饅頭は見るだけで寒気がする」とウソをついて、みんなから饅頭をうまくせしめたことがあったとする。

話がヘタな人が話すと、たとえばこうなる。

「このあいだ面白いことがあったのよ。饅頭が好きな人が、饅頭は怖いと嘘を言ったらみんなが面白がって饅頭をたくさん持ってきたのね、それをうまいうまいって食べちゃったの。ね、すごく面白くない？」

面白くないです。

もとの出来事は面白そうだけど、その話し方では面白くない。

饅頭が好きな人が、というところから話すのがダメですね。本来はそこを隠さないといけない。

「仲間うちで一人、饅頭が怖いって言うやつがいたんだよ」

そこから話をする。

「饅頭を見るだけで震えるっていうから、じゃあそいつを驚かせてやろうってことになって、そいつが寝たあとに枕元にいろんな饅頭を置いたんだ」

ふむふむ。

「起きたときにそいつは驚いたね。うぎゃー、なんて叫んじゃって」

あらあら。

「そのあと静かになったから、こりゃいけねえ、びっくりして死んじゃったんじゃないかってみんなでそいつのところへ集まったら」

そりゃそりゃ。

「するとこいつが饅頭をむしゃむしゃ食ってやがるんだ。ほんとは饅頭が大好物だったのをそうやっておれたちを騙しやがったんだよ。ふざけた野郎だ」

こう話すと、ふつうにおもしろい話になっている。

オチのない話し方をする人は、結果から話してしまう。自分なりに納得した物語を自分の勝手で順番を変えて話している。さっき例に出したやつですね。

「このあいだ面白いことがあったの。饅頭が好きな人が、饅頭は怖いと嘘を言ったら、みんなが面白がって饅頭をたくさん持ってきて……」

おもしろい部分を先にばらしてしまってるから、オチがなくなってしまう（たぶん、おもしろいことがあった、とまず言っちゃうあたりがいけないんだとおもう）。

「饅頭が怖いとウソをついた」というのがこの話でもっとも重要な部分で、それは後半に話さないといけない。先にそれを話すから「みんなが持ち寄って怖がらせようとしたが、好きだから食べちゃった」という部分を最後に話すことになって、この部分は重要じゃないから、オチのない話になってしまう。

「オチがない話」は「意外な展開を感じさせない」というところにある。

最後の一言の問題ではない。構成の問題である。

どこで終わったのか、よくわからない話がオチがないと言われる。だから「最後の一言（オチの一言）」でどかーんと笑いが取れなくてもいい。粋な一言でなくてもいいし、どんでん返しの結末でなくていい。

「オチ」というのは〝全体の流れ〟で作っていくものなので、「最後の一言」の役割はそんなに大層なものではない。

「オチの一言」は「これでおしまい」と分かればいいのである。

粋な終わりかたでもいいし、とってつけたような終わりかたでもいい。何でもいいんである。

高座で落語家が話してることは、身の回りの話もふくめて、だいたいウソである。

特に落語は、すべてフィクションである。事実をもとに作られたものであっても、高座で話すかぎりはフィクションである。作り話で、つまりウソの噺だ。だから、ここで終わりました、というポイントを示してくれないと、聞いた甲斐がない。

それは小説でも映画でも同じなのだけど、落語の場合はわりと印象的な一言で突き放すように終わる。それが目立つのでオチに注目が集まってしまう。でも基本構造はすべての物語と同じである。

ここで終わったよ、ということが分かればいい。洒落てたり、粋であるほうが受けるが、ほかの物語と違って、落語は何度も繰り返し同じ話を聞く娯楽なので、粋に終わるのが最上の価値ではないんだな。くだらないオチで充分。

安心のための目印として「落語のオチ」はあるんだから。

落語の「オチ」には似たようなものがある。

似たようなものがいくつかあると、ついつい分類したくなる。いくつかのグループは作れるが、それでは世界は説明できない。すべての落語に関する分類と同じように、中途半端な分類がいくつか試みられているだけだ。

落語のオチの分類はいくつか提案されているが、見るかぎり、きちんと落語世界をきれいに分けられた分類はない。桂枝雀が言った四つの分類（へん、合わせ、ドンデン、謎解き）には少し説得力があるのだが、演者である枝雀が考えながらも、聞き手である枝雀が最終的に分類決定しているようで、そこのところが普遍性を持ちにくい（聞き手が理解すればいいのか演者が理解すればいいのか、そこの指針の徹底がない）。

多くの場合、視点がずれるので「オチの分類」がわかりにくくなる。

オチがない落語

そもそも「オチがあるのが落語である」という前提に無理があるのだ。

その前提からオチを分類するからわからなくなってしまう。

わかりやすい「オチ」がない噺もたくさんある。

おそらく「オチを変えたら落語が成り立たなくなるもの」と「オチを変えても問題のないもの」の二分割がオチの分類の手助けになるだろう。

オチを変えても問題のない落語が多い。

「オチ」は終わったことをわかりやすく示す言葉でしかない。だから「落語とはオチのある話です」というのは、「最後、わかりやすくきれいに終わる話」というほどの意味でしかないのだ。最後の一言で、げらげら笑ってもらって終わりにする、ということを示しているわけではない。そのへんは落語家自身もさほど意識してないようにおもう。

別の言い方をすれば、落語は「オチなんか変えても、落語のおもしろさは一向に減らないもの」なのだ。「オチなんかどうでもいいもの」がふつうの落語である。多くの落語はそうなっている。

オチの分類は、あまり気にしないほうがいい。

マニアに任せておけばいい。いまのオチは何オチって言うんだよ、なんて解説する人は、べつだん相手にしなくていいです。つまり聞いてるような表面を装ってまったく聞かなくて大丈夫です。

師匠と弟子

「師匠と弟子」という関係からすべて始まる、というのが落語の奇妙なポイントのひとつである。

「弟子入り」によってのみ、落語界は形成されている。

プロの落語家になるには、必ず師匠がいる。

すべての子供と若者には「親＝大人」が付いていて、その存在を保証する、というシステムである。このへんは、近代以前の日本社会を理解するためにも、いろいろ知っておいたほうがいいところである。昔の人に興味があれば、だけど。

弟子を持つことのできるのは、「真打」だけである。

真打が、前座や二ツ目の弟子を残して亡くなる、ということがある。わりとよくあります。その場合、前座や二ツ目は次の師匠をもう一度見つけないといけない。だいたいは亡くなった師匠の兄弟弟子（同じ師匠のもとで修行した者）の弟子になることが多い。兄弟ではなくて伯父叔父系統や従兄弟系統の師匠に入ることもあり、そういう身内に近いところが引き受けるものである。

師匠の存在が、落語家の保証である。

自分が真打になったあとに師匠が亡くなっても、べつだん別の師匠の庇護下に入る必要はない。もはや一家を成しているので、自分の一家を守っていけばいい。ただ、自分が真打になっても師匠が元気であるかぎりは、その傘下にいるという立場は変わらない。

たとえば正月は、まず自分の師匠の家へ挨拶に行くものである。

弟子がすべて師匠の家に集まって挨拶する。ただその師匠の師匠が元気なら、今度はうちそろってその師匠の師匠（下から見れば大師匠という）の家へ挨拶に行く。それぞれ、弟子を連れた兄弟弟子が集まる。もしその大師匠の師匠が存命なれば、それぞれものすごい人数でそこへ向かう、ということになる。

落語家の存在証明は「師匠がこいつは落語家である」と認めるところだけだ。

ということは、そのまた逆もあるわけで、「こいつはもはやプロの落語家ではない」と師匠が断じれば、プロでなくなってしまう。いわゆる「破門」である。

おまえは破門だ、と言った場合、その言葉どおりの意味では「おまえはもうおれの弟子ではない。おれはおまえの師匠ではない」という狭い意味になるだけだが、同時に「落語家という職業も辞めろ」ということも言われていることになる。失職である。

つまり、人として間違ったことをやっておらず、落語家として何も間違っていなくとも、師匠の機嫌を損ねた瞬間に「破門」となる可能性があるのだ。すべての落語家が、どんなベテランであっても、師匠が存命であるかぎりは、師匠を怒らせて落語家でなくなってしまう可能性を秘めている。

もちろん江戸時代のシステムだから、いろんな抜け道がある。日本システムのすばらしいことは、抜け道がたくさんあるところだ。日本にいるかぎりは日本システムはとても有効なのだが、世界システム（近代システム）と競合すると問題の多いシステムに見える。そこは自分の立場をきちんと考えて受け入れていくしかない。

破門されても、許されれば戻れる。「詫びを入れる（きちんと謝る）」ことをして、師匠が許せば戻れる。何をしたかにもよるが、許されれば大丈夫だ。だいたい、一度も破門されたことのない弟子のほうが少ないのではないだろうか（師匠にもよるが）。

よく言われるのは、師匠の奥さん、いわゆるおかみさんに泣きついて、彼女から師匠への口を利いてもらうのが有効とされていて、そのためには、いつもおかみさんに可愛がられるようにしていないといけない。それがすでに落語の修行の一つなのだ。

日本システムのポイントは「破門だ」と言われたとき、そのまま一人でストレートに受け取ってひそかに消えるのはバカである、とされているところだ。もともと辞めるつもりならそれでいいけど、続けるつもりがあるときは、「とにかく周囲に頼る」というのが大事である。個人主義思想はこのあたりに弱いですな。

人には迷惑をかけ、また人に迷惑をかけられてそれで生きていくものだという覚悟を持ってないとだめですね。現代社会で「迷惑をかけること」を拒絶する風潮が強まっているなか、落語界ではそこに早く順応することが必要です。

落語界の破門は、その言葉じたいが持つインパクトの強さに比べて、そんなに最終的な通告ではないということだ。おもってるよりも軽い。師匠によっては、ものすごく軽かったりする。「ぼく、怒ってんだもんねえ」という意味くらいだったりする(場合によりますし、師匠によりますけど)。まあ、師匠だって芸人なのだ。

弟子は師匠との衝突を避けたい。

ただ機嫌が悪くて「おまえなんか破門だ」という一言が出たとたん、職業的な保証がなくなる。どんな気分で、どんなタイミングで出るんだかわからないタイプの師匠だったりすれば、ただもう、避けたほうがいい。怒られない程度に顔を出すが、必要以上に師匠に近づかなかったりする。

落語家の師弟というのは、その当人たちにしかわからない機微がある。

弟子の落語は、師匠に似ることが多い。

師匠の芸が本当に好きで、そういう落語を演じたくて、師匠に入門した場合(そこそこ多そうだけれど、みんながみんなそんな熱烈入門をしているわけではない）どうしても似ていく。

弟子がいい気になって、師匠の芸に似せていくと、師匠は嫌がるものである。

「似る」というのは、クセが似るのだ。モノマネ芸人の芸を見ればわかる。クセは、だいたい当人が意識していないもので、それを指摘されると、あまりいい気がしない。弟子の芸が師匠に似るというのは、その師匠のクセも真似しているということで、まず困惑する。そのクセはやめろと指摘するはずである。場合によっては自分の欠点をコピーして強調して再現しているようにしか見えないからだ。弟子が意識していないぶん、よけいに腹が立つ。そういうものだろう。

聞き手はあまり「師匠に似てきたねえ」と言わないほうがいい、ということでもある。ついつい言っちゃうんだけどね。特に師匠に対して「あいつの芸は師匠そっくりですね」と一種のヨイショで言ったりするけど、そのときの師匠の表情はよく見たほうがいいですよ。満面の笑みで喜ぶ師匠はあまりいないとおもう（いてもいいんだけど）。気を付けてください。

師匠のある部分を継承しつつも、表面ではさほど似ていない、というほうが、私は正しい継承だとおもっている。

立川談志が死んだあと、朝のワイドショーで、談志の高弟の一人、立川談笑が司会者（小倉智昭さん）から「談志を聞くなら何から聞けばいいの」と聞かれて、談笑は「志の輔を聞いてください」と答えていたことがあった。

小倉さんが聞きたかったのは、談志の残したＣＤのなかで、「芝浜」がいいのか「死神」がいいのか「文七元結」か「紺屋高尾」かということだったんだとおもうのだけれど談笑が答えたのは「談志の精神をもっとも体現しているのは立川志の輔の落語である」という意味で言っていたとおもう。とても感銘した落語家のセリフである。

師匠が変わる、ということもときどき起こる。

師匠と決定的にケンカをして破門、しばらく落語界から身を引いたのち、時間が経ってから、別の師匠について、再び落語家になる、ということがある（この場合は協会も移ることが多い)。

もともとの師匠も了解のうえで、別の師匠の門下に移って、落語家を続けることもある。

この「師匠と弟子」というシステムが、落語界を支える基本なのである。

ふつうの生活をしている現代人にはあまり理解できるシステムではない。無理に現代システムとの差異を考えなくてもいい。ただ「落語家がプロでいられるのは、師匠がプロでいていいと認めてくれているから」だけだということさえおさえておけばいい。

祝儀と贔屓

話はまったく変わって。

日本にはチップの習慣がない、とおもっている人がいる。特に、海外旅行から帰ってきたら、海外でチップをしきりに払わされたために、日本ではチップがないのがいいとおもう人がいるけれど、それはちょっと見てる部分が違うだけだ。

日本でも大人は「祝儀」と関わって生きている（子供や若者は関わらなくても大丈夫な場合が多いです）。

日本には「祝儀」の習慣がある。

ほぼ全日本人が経験のある「祝儀」はお年玉ですね。

お年玉袋とともに子供時代を過ごす（人が多い）。

あれで、祝儀袋（お年玉袋）にまず慣れる、というのがいいと私はおもう。

何かのおりに若者にちょっとしたお礼をしたいとき、現ナマでいきなり2千円をぱっと渡しても受け取らない若者がいるけど、それを祝儀袋に入れて渡すと、ほぼすべての日本人は受け取ってくれる。祝儀袋にはそういう力がある。財布のなかに一つ二つ入れておかれるといいでしょう（財布がまた太ってしまうが）。そういう意味で、お年玉の力は、見えない日本文化の継承を担っているとおもう。

次にわかりやすい祝儀は「結婚式の披露宴」。

披露のための宴に招かれて、これは招かれたものだから無料である。ただそこで祝儀を渡す。それを招かれたぶん（招待側が一人あたりにかけた金額）に見合うように払おうとするのは、合理的に見て、かなり奇妙な思考方法である（つまり古来の日本システムに、近代システムを混入して基準を歪めている）。

披露宴に招かれたことが大事であって、そこでどういうもてなしを受けるかということとは別に、招かれたことに対して（そこで行われる慶事に対して）どれぐらいの祝儀を包むのか、ということを大人として考えればいい。見返りに合うもの、という考え方は、そういう場向きではない（招待される日本の大人レベルに達していない）。

ある程度、大人にならないと「祝儀」の感覚が身につかない。日本式の旅館や、料亭などに入ったとき、そもそも渡すタイミングがつかめない。べつだん祝儀なぞ一円も払わなくていいのだけれど、でも、だからこそ払えるのなら払ったほうがいい。気持ちだから。

ポイントはここですね。

「気持ちだから」

だから現金剥き出しではなく、小さい袋に入れたほうがいいわけだ。小さいほうがいいですね。

落語家たちはその「気持ちだから」の世界に生きている。

落語家さんは芸人なのだから、もし「祝儀」が切れるのなら、切ってあげたほうがいい。あなたが「昔ながらの大人」ならね（祝儀を渡すことを、切る、と言う）。

落語家と知り合いになり、たとえば正月にその知り合いの落語家と出逢って、「あけましておめでとうございます」と言われて手拭いを渡されたのなら、祝儀を渡したほうがいい。まあ、この場合はわかりやすく「お年玉」ですけど。

「お年玉」は年改まっておめでたいので、そこで「金を使う」ことによって幸福を呼び込もうという考えである。

現金ではなくて、おいしいものを届ける、というのは落語会の（寄席の）楽屋を見ているとよく起こっている。それも祝儀である。おいしいものを好きな落語家さんに食べていただきたいから、と届けているので、喜んでいる芸人さんも多い。

ただ、あまりに似通った差し入れが重なったり（甘いものばかりとても食べきれないほどもらったり）、日持ちのしないものを渡されたり（すぐに食べられるとはかぎらないから）、好きでもないものを差し入れられたりしても、芸人さんは困ってしまう。だったら「現金」を（お年玉をあげるように）渡すほうがいい。

「日本の大人はどういうものか」ということを誰も教えなくなってしまい、なかなかむずかしくなっている。

　日本酒の差し入れもなかなかむずかしい。

　落語家は、みな酒の噺をやる。うまそうに酒を飲むし、楽しそうに酔っ払っている。高座の上ではね。すべての落語家がそうである。ただそれは落語のうえでの話だ。

「落語ではすごくうまそうに酒を飲む演技をしているのに、じつは酒がまったく飲めない」という落語家がおもいのほかにいる。たぶん、ぼんやり想像しているぶんの3

倍（いや、5倍かな）はいる（あなたがどれぐらいを想像しているかによるんだけど）。

若手落語家と話したとき、当人がまったく飲まず、妻も飲まないので、ものすごく高い日本酒が差し入れられても、カミさんが料理に使うだけです、何とかの大吟醸でうちの肉じゃがが作られています、と言っていた。そういうことがよく起こっているようだ。

また、酒好きの師匠に酒を送ろうかとおもって、そこの弟子に話を聞いたら、やめたほうがいいとおもいます、おそろしい量の酒が届けられて、師匠が弟子にどんどん配ってもまったく減らないんで、おかみさんは困ってます、と言っていた。

落語家本人に確認すればいいのかと考えてしまうが、もし商売笑顔モードのときだったら「何だってありがたくいただきます。ありがとうございます」と頭を下げるに決まっているので（それが決まりである）、真相はわからない。

なにを差し入れていいのかわからないなら「現金」が一番安全ですね。

落語は、客との距離がすごく近い芸能である。

落語家とは簡単に知り合いになれる。一席終わったあと、楽屋を訪ねて、何かを差し入れるということはごくふつうに行われている。東京では楽屋の敷居が低い（地方公演のときはやたらスター扱いってこともありますが）。

落語家とは、わりと簡単に親しくなれる。

落語家もそれを求めている。落語は昔ながらの芸能であるから、知り合いのいる客がとても大事である。

実際に「落語会のあと、落語家とお話ししましょう」という会もよく開かれている。「有料の打ち上げ付き」である。落語家も「ご贔屓」を増やそうと懸命なのだ。

落語が好きになったら、一人といわず、二人、三人とご贔屓になってあげるのがいいとおもう。ご贔屓が業界を保たせている。

ただ、まあ、年を取って若い落語家を贔屓にするとときどき「偉そう」にするお客さんがいます。それはわりとみっともないので、気を付けましょう。

芸能世界は「贔屓」でもっている。あなたも「贔屓」になりましょう。

第6章

寄席という場所

落語が聞ける場所はいくつもある。
いろんなところで落語が聞ける。
どこから聞きに行ってもいいとおもう。
ただ「寄席」は少し別のものである。
定席の寄席は、落語の存在そのものと関わっているからだ。
本章では「寄席」について記す。

寄席は毎日やっている

「定席の寄席」はほぼ毎日、落語を聞ける場所である。そもそも歴史も古い。

だからといって、べつだん「落語は寄席で聞け」と言ってるわけではない。落語はどこで聞いても落語である。寄席で聞かないと落語を聞いたことにならないってこともない。

「寄席」はあまり入りやすい雰囲気ではない。中はいたって気楽な空間なのだが、なんだか常連がたむろしてそうなイメージを抱いてしまうだろう（いまはもう、常連さんってあまりいないんだけどね）。実際のところはどこにでもある「遊び場」でしかない。ボウリング場のようだし、映画館のようだし、ゴルフ場のようだし、ビリヤード場のようだし、そのどれにも似てないけれど、でもまあ遊び場でしかない。気楽に入ればいい。

寄席の特徴は、毎日いつでも落語が聞ける場所だということだ。

休日は、年末の2、3日だけである。12月29日から31日くらいが休みであることが多い。それ以外、1月1日から12月28日ごろまでは休みなくずっと開いている。

東京に四つある。

上野、新宿、浅草、池袋。

この繁華街のやや怪しいエリアにある。

この「怪しいエリア」というのが寄席と落語の本来の性質をよく表しているとおもう。基本、「悪所」にあったのだ。早い話が遊郭の近くということである（しかも浅草＝吉原以外はあまり質のよくない遊郭である）。いまに残る四つの寄席がそういう場所にあるというのが、きわめていろんなことを示唆しているとおもう。

近年、客引きはなくなったが平成時代の中ごろまでは（2010年ころでも）夜の寄席を見て駅に向かうと「お兄さん、お兄さん、お遊びいかがですか」と必ず声をかけられた。それがまた寄席を見たあとの気分に妙に合っているのだ（客引きもそのへんは心得ていたみたいである）。

そういう場所にいまでもある。それが寄席である。あまり立派に飾って見せびらかすようなシロモノではない。かつては東京の人ならそのへんの機微を知っていたものだが、いまはかなりわかりにくくなっている。

もうひとつ、国が作った国立演芸場というのがあって、これは最高裁判所の隣にある。本来の寄席は、歓楽街を歩いてるうちにたまたま見つけて、寄席かあ、ちょっと寄ってみるかということができるところに作られているのだが、この永田町にある国立演芸場だけは、ふらっと寄れるような場所にはない。最高裁で無罪判決を受けて、喜んでいる帰りに寄れるくらいである。そんな人いないとおもう。しかもここは全日やっているわけではない。基本、月に20日、それも昼席だけの日が多い（夜席は月2回ほど）。ふつうの寄席とは少し違うが、いちおう寄席のひとつではある。

寄席はずっとやっている

寄席の特徴は、昼ころから夜まで、ずっとやっているところにある。

新宿の末廣亭だと昼前から始まって夜の9時まで9時間少々、途中の短い休憩時間をのぞいて、ずっとやっている。9時間いてもいい。ただしいったん、外へ出てしまって戻ってくるというのはできない。本来は昼の部が昼前から4時半までで、夜の部が5時から9時までで、それぞれが別の興行ということになっている。途中での入替がないだけだ。4時間くらいの1セットで見るのが基本単位である。あまり2セット9時間を見るものではない(止めないけど)。

寄席興行の時間は長い。

ずっとやってるから、適当なところから入って、適当に出ていってもらっていい、ということである。かつては映画もそういうシステムだったけれど、シネコンの時代になって、途中入場ができなくなった。映画も昔は、途中から入って適当に見たものであった。

寄席は、いつでも入れるし、いつでも出られるが、いちおう、マナーとしては、しっかり見てる人のあまり邪魔にならないように出入りする、というのがある。マナーレベルだけど。高座で落語家が落語をやってる最中に聞いてる客を横切って席を探さない。そのとき場内の一番後ろに立って待つ(池袋演芸場は入り口が前にあるので、ここだけは後ろまで移動して待つ。場内の一番後ろに立って待つ、というポイントは同じである)。

一席が終わって、演者が入れ替わるとき、そのざわざわっとしたときに席を探して、座る。席がなかったら立ってるしかないですけど。基本は全席が自由席なので、空いてるところに座っていいですし、混んでるときなら荷物だけ置かれてる席に「そこは空いてますか」と聞いて、ただ荷物を置いてるならどけてもらって、座りましょう。

寄席の出演者

寄席に出てるのは、落語家だけではない。

落語だけが連続して出てくると、途中で必ず退屈する。

だから寄席では、ふつう「落語」は二人連続でしか演じない。

落語が二つ続くと、別の演芸が出てくる。

わかりやすいところでいえば「漫才」、それに「奇術（手品）」。これはどちらもテレビで見る機会がありますからね。でもテレビ芸の漫才と、寄席芸の漫才は、ちょっと空気が違いますけどね。

ほかには日本風のジャグリングとでも言うべき「太神楽」、お題をもらってそれを即座に切って見せる「紙切り」、一人だけで喋る「漫談」（洋服姿で立って演じる）、三味線を弾いて都々逸などを聞かせる「三味線漫談（俗曲などとも）」などが出てくる。それ以外にも多種多様な芸人さんが出てくる。これが寄席の醍醐味である。

落語が二つ続いて、次に漫才、また落語が2本あって、次が奇術、またまた落語2本に今度はギター漫談、などなど、そういう組み合わせになっている。

行ったことがなければ、この、多種多様の芸人さんがかなり印象に残るとおもう。

ただ彼らの寄席での芸は、さほど多くのバリエーションがあるわけではなく、何十回と寄席へ通ってくると、だいたいセリフと間合いを覚えてしまう。それでも繰り返し聞いていると、またより楽しくなっていく。寄席の芸人さんは、噛めば噛むほど味が出てくる。

太神楽は、ジャグリングだったり、傘の上で玉を転がしたり、アゴの上にいろんなものを積み立てたりするのだが、まず失敗しない。でも十何年か寄席に通っていると、何度か大失敗を見ることになる。太神楽の大失敗は、見てるほうの血も凍りますけどね。誰も笑わない。それでも芸が続く。見なかったことにしなきゃいけない空気も含めて、ちょっと忘れられない舞台になる。それがまたライブの醍醐味でもある。でも、あまり失敗を見たいなんておもわないほうがいいとおもう。見ても、印象には残るが、あまり語りたいものでもない。

太神楽や奇術のときは、音楽が鳴ったりして、比較的騒がしいので、じつは、その瞬間がトイレに立ったり、何か食べ物を食べるチャンスだったりするんだけど、慣れてないとぽかーんと口を開けて、ただただ見つめてしまうので、それもむずかしい。でもまあ、空気の入れ換えの時間でもある。

「寄席」はいつ入ってもいいしいつ出てもいいのだが、でも寄席のプログラムは「最後の主任の一席を聞いて満足して帰ってもらいたい」という意図で作られている。最後に出る人のための興行である。

聞いてるほうはあまり気にしないかもしれないが、出てる人たちはみな気にしている。団体戦であるし、リレーのゲームでもある。みんながうまくつないで、最後に喋る人にたっぷり話してもらおうというシステムになっているのだ。最後の人の邪魔になるようなことをしてはいけない。そういうことをしてると、百年を越えて伝えられる。新進気鋭の若手だったころの三遊亭圓朝が主任になった興行で、何の恨みを呑んでいたのか、彼の師匠が前かたに出て、圓朝がその日やるはずのネタを先にやって、連日潰した、という話は百数十年を越えて、いまに伝わっている。ふつうはそんなことは起こらない。

「おあとがよろしいようで」という落語家独特のいいまわしも寄席システムから来ている。あれは「次々と芸人が出る寄席」で、「落語家がやや謙遜の気持ちを込めてつないでいくための言葉」である。私の一席は、ただのほんのつなぎなので、次の人の準備ができるまで、何とか喋ってるだけのことです、いま、楽屋のほうを見ますと、次の演者の準備も整いましたようで、私のつなぎの一席はこのへんで失礼いたします、という意味合いで、「おあとの演者の準備がよろしいようで、ここらでお楽しみの方と交代いたします」という言葉である。

でもいまの寄席では「おあとがよろしいようで」というセリフはまず聞かない。聞くのは「おあとが大勢」と手を後ろに振るようにして言うやつで、まあ、意味は似たようなものである。パアパア調子よく喋って、話途中の感じでやめるときに、このセリフが出る。

みんながあとへあとへとつないで、最後がしっかり演じきるのが「寄席システム」である。

最後に出る「主任」と、仲入り（休憩）の前に出る人の二人が興行のメインである。

その二つのポジション以外だと、一人だいたい10分少々である。柳家喬太郎が寄席のメンバーに入っていたからと喬太郎を見たいとおもって出向いても、仲入りのところか、最後でないと、ささっとやって終わってしまうし（だいたい受ける新作をやることが多くて、途中で、古典にしときゃよかったといつも後悔してるけど）、どんな人でも寄席全体の流れのなかでしか話していない。

「最後に興行の責任者がたっぷり聞かせる」というのが寄席なので、時間が許すなら、最後の主任の一席まで聞いたほうが楽しめる。せめて仲入りの前の人までは聞いてみることをおすすめする。

食事は自由だが

寄席では、飲んだり食べたりしながら落語を見ていいことになっている。

まあ、水分補給については国をあげて推奨していることもあるから、飲み物はふつうにどんどん飲んでいいとおもうけど、食べるのはどうかとはおもう。

あくまで個人的な見解だけれど、でもまあ、落語と寄席に詳しい人としての個人的見解として、「落語を見ながらあまりモノを食うもんじゃない」とおもっている。

「落語を見ながら、食事ができます」というのは、これは「寄席小屋経営」側の主張である。つまりそういう空間だと宣伝することによって、客を多く入れたいという願いを込めてるにすぎない。

たまに見かけるが、団体さんが寄席に入ってきて、入り口で弁当とお茶を渡されていたりする。寄席はものを食べていい空間だから、弁当を渡せばここで〝江戸ふうお弁当〟プラス〝江戸落語を楽しむ〟という二つのタスクがこなせて、はとバスとか東京江戸観光ツアーにとって一石二鳥なので、そうやっているまでである。

落語は食べながら見るものではない。

食べながら見れば楽しくなるということもない。

どうもそのへんが徹底してないとおもわれる。

寄席内で弁当を食べていいとしているのはより多く稼ぎたい寄席の思惑でしかなく、演者はそんなことはおもっていない。どんどん食べながら見てほしい、と考える落語家は余程の変人でないかぎり、いないだろう（変人が多いから、いそうだけど）。

芸人側から言えば、客に弁当を食べ始められたら、もう勝てない。

弁当を食べてる客がきちんと落語を聞いてくれるわけがない。

この「弁当」というところが特に問題である。

弁当はだいたい幕の内弁当か、松花堂弁当というような、見た目も楽しい彩り豊かなものが用意される。つまり「見て楽しむ要素がある」食べ物である。弁当のあいだは、舞台を見ないで弁当を見続けてしまう。落語の敵です。明確な敵だ。

弁当を楽しんでる客前に出された落語家ほどつらいものはない。

彼らは「弁当には勝てない」と口をそろえていう。

もちろん、仕方ないとおもって、それでも淡々と演じている。

あくまでもどこまでも私の個人の考えではあるが、舞台で誰かが喋ってるなら、ものを食べるものではないのだ。それが「芸人」側からの願いであり祈りである。食べるのは休憩時間にしたほうがいい。

しかし何か食べないと倒れてしまいそうだ、ということもあるでしょう。

その場合、寄席に持ち込む食べ物の鉄則は「次は何にしようかという迷いが一切ないもの」ということになる。

寿司を持ち込むなら「助六」。これは決まりです。いなりか太巻きか、という二択はあるけど、二択でしかない。「十種にぎり寿司」なぞをデパ地下で買い込んで持ち込むのは、まったくもって寄席向きではない。江戸には江戸でって感じなのかもしれないけど、なんか路地を一本入り間違ってのこのこ歩いてる与太郎みたいである。

私が今日は寄席に半日以上いるぞと決めたときに持ち込む食べ物は、買い物時間に余裕があるなら「カツサンド」、余裕ないならコンビニの「おにぎり（海苔ないやつ）」、あとは「チョコレート」です。かつて新宿中村屋の店頭で「カリーパン&ピロシキ」を売ってたときはそれを買ったけど、いま店頭じゃ売ってなくて残念。

落語は、何かを食べながら見れば楽しくなる、というものではない。

まあ、寄席内では飲食自由なので、食べても怒られないし、そこは自由ではありますので、各自、判断してもらうしかない。先達の忠告としては、弁当を持ち込まないほうがいいということになる。

酒を飲みながら落語を聞くのはもったいない

ついでに言うと、「酒」を飲みながら落語を聞く、というのも、私は、あくまで私個人としてだけれど、勧めない。

ちなみに、私は大の酒好きである。

残りの人生、落語か酒かどっちかをあきらめろと言われれば、迷うことなく落語を捨てる。酒なくしての人生はありえないですね。それぐらい酒が好きである。まあ、酔ってる状態が好きだってだけですけど。落語より酒のほうが私の人生には必要だとおもう。それは即断できる。それぐらい酒が好きだ。

それが前提である。

その私として言わせてもらうが、酒を飲んで落語を聞くもんじゃない。

休みの日の落語会に行くと、ちょっとだけ飲んできた感じのお父さんが楽しげに入ってきたりする。それはそれでいいんだけど、でも、もったいない。

酒を飲んで落語を見ても、落語は楽しくならない。

酒を飲んで落語を見ると、酔ってる状態は少し気持ちよくなる。

つまり「酒を飲んで落語を見る」というのは、落語を捨てて酒を取ってることになるのだな。まあ、やってみればわかる。酒飲んで落語を聞いてる客の9割は、寝る。きちんと最後まで聞けない。聞けたとしてもろくに覚えてない。

向いてない。酒好き落語好きの私が言うんだから、まあ、聞いておいたほうがいい。

ほんとにもったいない。

ときに、歴史に残る名演に立ち会うこともあるんだけど、酒飲んでたら、ぜったいに覚えてられないからね。そういうポイントでももったいない。

「落語と酒」の関係でもっともいいのは、終わったあとに、一緒に聞いた人と飲む、というやつである。それをお勧めします。

そもそも寄席では、もうここ十年くらい「場内で酒を飲むこと禁止」がスタンダードになっている。かつては缶チューハイとか缶ビールを持ち込んで飲んでる人を見かけたけど、いまは見つかるとやめてくださいと言われます（寄席によるんだけど）。そういうことになっている。酔っ払いは落語の敵ですからね。

落語はシラフで見るのがとても楽しく、酒はそのあとに飲むととても楽しい。

音はあまり立てない

「音を出さない」というのが落語を聞くときの唯一のマナーであり、それを守れば、基本、どういう状態でもかまわない。

つまりぐっすり眠るのはまったくかまわない。すやすや寝てもらっても誰も起こさない。

問題は、いびきをかくこと、である。で、これがけっこういるんだわ。落語の最中にいびきが聞こえてきたというのは、経験上、10回や20回どころじゃないですね。通算、１００回くらい聞いてる気がする。まあ、だいたいちょっと太ってるおじさんですよ。

自分は寝るといびきをかくらしいという自覚のある人は、くれぐれもご注意願いたい。だいたい、落語家がいいぐあいに間合いを取って、場内が静まりかえった瞬間にかぎって、ぐごーがごーといびきの音が響き渡っているので、ほんとそういうのが多いので、よろしくお願いします。

拍手の頃合い

音を立てない、というマナーで、むずかしいのが「拍手」である。

私は、ここ十数年で「落語見たことないんですよ、今日が初めてです」という若者を何だかんだと30人以上は連れて観に行っているが、その若者を見ていて気付いたことがある。彼らはどうやら恥をかきたくないという意識が強く、まわりの客の真似をしようとして、だからとにかく間違った拍手にも同調してしまう。

客の何人かが手を叩くと、つられて「あ、ここで手を叩くんだ」と勘違いして、釣られ拍手をしてしまうのだな。

何回か連れているうちに気付いたので、いまでは必ずこういうことにしている。

「落語家がでてきたら拍手をする。また一席が終わったら拍手をする。それ以外は、誰がどう叩こうといっさい手を叩いてはだめだ」

以上。

これはあくまで、私が私の門下生（というほどでもないが）に教えていることである。

すべての客がそうする必要はない。でも私のひとつの信念でもある。

落語家が求めようと、噺が始まったら、途中では手を叩くものではない。

もちろん、落語の途中で手を叩くことによって盛り上がり、いい空気になっていくこともないではない。でも、実感として、その確率は10％もないですね。途中の拍手の大半は空気を悪くしていく。

ひとつは「慣れ」の問題である。

よくよく落語を知ってる人が、それでも叩くのはそれでいいとおもう。でも常に寄席に行って見ているかぎり、やたらと手を叩くのは、さほど寄席慣れしてない人である。仲間内では率先して明るく振る舞って場を盛り上げるのが得意なのかもしれないけれど、寄席空間はそれとは違うんだけどな、という感想を抱く。

落語の途中に手を叩くと、10回に1回は盛り上げるが、それ以外は、やや場を沈めてしまう。ひどいときは落語を壊してしまう。

落語は、演芸でもあるが、演劇的側面も強く、客は参加するものではない。客が演者に話しかけると、落語は壊れる。拍手はその少し手前にある。かなり慎重にやったほうがいい。

落語は、観客を参加させるように作られていないからだ。

芸や喋りに感心したから、だから誰に何とおもわれようとおれは手を叩く、というのは止めようがないけど。でも、他の客や演者が常にそういう拍手を喜んでるわけではない。楽しくなるときもあるが、邪魔に感じることのほうが多い。

ものを食べる所作や、一気にセリフを言う言い立てを見て、それは「私にはできないことだからすごい」とおもって拍手をしてる人がいるけど、その拍手が応援になっているようで、ほぼ、なっていない。

ヘタな拍手は落語を壊す。少なくとも演者を困らせる。あまり慣れてないなら、まわりで手を叩こうと、同調しないほうがいい。

私が慣れてない同行者にいうセリフをもう一度書いておきます。

「落語の拍手は、演者が出てきたときと、一席終わったときの二回だけでいい。ほかのときに誰かが手を叩いても同調して叩かないように」

途中とても感銘を受けたなら、一席終わったときに、心を込めて、強く細かく烈しく手を叩き続ければいいんである。それが落語家への愛だとおもう。


ついでに言っておくと「必要以上に大きく笑う」のも、落語を壊していく。

これもまたむずかしいところですが、落語って笑うものだろ、だったらどんどん大きく目立つように笑おうじゃないか、そのほうが盛り上がる、というおもいで頑張って笑ってる人を見かけることがある。それで空気がよくなることもあるが、悪くなることもある。

まあ、客全員がずっと黙っていても落語は壊れないが（池袋演芸場で客数15人くらいの想定ですけど）、ひとり変な笑いかたを続けていると落語は崩れていく。まあ、そういうこともあるって話でしかないけど。

まあこれらは、あくまでほとんど寄席に行ったことのない人へのアドバイスである。「寄席内で弁当を食べるとろくに落語は聞けないので、パフォーマンス中の食事は避けたほうがいい」「酒を飲んで見ても落語は楽しくならない」「落語の途中での拍手は我慢したほうがいい」「悪目立ちするバカ笑いも避けたほうがいい」というのはあくまでもどこまでも私個人の意見でしかない。べつだん守らなくて大丈夫ですよ。みんな、自分の楽しみ方を貫けばいいとおもいます。周りに迷惑さえかけなければね。

寄席の雰囲気

上野、新宿、浅草、池袋と四つあるが、これはそれぞれ雰囲気が違う。浅草演芸ホールが一番、自由ですな。客が自由。その真逆なのが、池袋演芸場。

でも2010年代になって落語がきちんと聞かれるようになると、ふつうの客が多くなってきたとおもうけれど、2000年代前半（2003年とか2004年とか）は、まあ、すごかった。昼席が開いてしばらくは客が三人とか五人くらいで、全員、マニアックな客ばかりで、前座はもちろん二ツ目が話していても客全員が、一回も笑わなかったという高座によく居合わせた（つまりそれがふつうだった。まあ、私も笑ってないってことですが）。

新宿の寄席と、上野の寄席が、わりと寄席らしい寄席。

上野の鈴本演芸場がもっとも古く、そのぶん格がひとつ上という雰囲気だけを出してますが、まあ、そんなに上ってわけでもない。でもここは昼席と夜席で入れ替えがあって、昼席が終わるとみんないったん外に出されてしまう。正午から9時まで粘れない。そのぶん、人気のない人が夜の主任をやると「閑古鳥がなくというのはこのことだ」と言いたくなるようながらっがらの客席を作ってしまう。

新宿末廣亭は外観が古めかしい。場内に桟敷席（つまり靴脱いで上がる畳敷きのスペース）があって、寄席らしい雰囲気がしています。ドラマでもっとも使われやすい客席でもある。周辺はかつてはかなり怪しいエリアだったけれど、いまはふつうの飲み屋が多いエリアとなりましたね。

どこに行けばいいかって、それはあなたの行きやすいところでいいですよ。

四席それぞれに違う雰囲気なので、いくつか行ってみるのがいいとおもう。

上野の寄席は、「落語協会」だけが出る。

残りの三つは「落語協会」と「落語芸術協会」が交互に出ている。

立川談志一派と、五代三遊亭圓楽一派は、この四つの寄席では見られない。それぞれの自主公演なり、独演会なりに行かないと見られない。

寄席は、毎日長くやっているので、入りやすい。

出演者が多い。

でも「長い噺」をたっぷり聞かせてくれるということがあまりない。

最後に出てくる主任が、あっさりとした落語で終わる、ということも多い。あっさりかたっぷりかは、半々くらいですかね。

誰が出てるかは、インターネットで調べられる。

「上野鈴本演芸場」「新宿末廣亭」「浅草演芸ホール」「池袋演芸場」がそれぞれホームページがあって、今日の出演者から、少し先の主任までを発表している。

また「落語協会」と「落語芸術協会」のホームページがあって、そこには「今日の寄席の出演者」が出ている。

寄席はいちおう10日興行で、その10日間、同じメンバーで出演することになっている。が、それぞれの演者のそれぞれの都合によって、違うメンバーが出ることもある。寄席の入り口で渡された紙のプログラムは、それに対応してないことも多いので、「今日ここに行く」「明日ここに行く」ということが決まっていれば、協会のホームページで確認したほうがいいですね。スマホで見られます。お目当ての人がいても、その日は出ないということがよくあるんで、ホームページでの確認をおすすめします。よろしく。

第7章

どの落語家から聞くか

とりあえず何から聞けばいいか。

それを案内していく。

ただ、それはなかなかむずかしい。

「誰と恋愛すればいいでしょうか」と聞かれたのと同じだからだ。

何となく候補を挙げることはできるが、実際には自分で選ぶしかない。

だからここでは候補しか挙げられない。入り口を指し示すことはできるが、実際におもしろいとおもってもらえないとどうにもならないということである。

あなたが好きになる落語家はきっといます。八千人ほど落語家がいるんだから、ウソですね。八百人ほどですね。八百人もいて、しかもすべての落語家が私を好きになってほしいと願ってにこにこと存在しているので、本気で探せば必ず見つかる。見つかるはずです。

名人の落語を聞く

まず、いまの落語を作った人たち。もう死んじゃってる名人たちを並べてみる。もうライブで接することができない人たちでもあります。

古今亭志ん生
古今亭志ん朝
三遊亭圓生
五代目柳家小さん
立川談志

とりあえずこの五人。
落語家の名前を挙げるだけで充分なんだよと私はおもってしまうのだけれど、はいはい、知ってますよ、このあと「ではその人の何を聞けばいいですか」とも聞いてくるんだよね。まあいまから考えます。

落語の本質のひとつは「無駄」にある。落語は馬鹿馬鹿しいものだからね。あってもなくてもいいもの。でも、あると、少し人生が楽しくなるもの。それぐらいの存在だ。

落語を聞いて、何か得るものではない。

何か得させたら、落語として失敗ではないかと、私などは考えている。

ただ、それは極端な考えで（何か得て帰る人があってもそれはそれでいいわけだから）、でも目に見えるわかりやすい「利得」はないとおもっている。

根本を言えば、落語を聞いて、これからも生きていこうとおもってもらえればいいわけで、それだけでしかない。人間はそのまま生きていていいんだ、とおもわせられるのが落語の本当の力じゃないでしょうか（このへんは立川談志の理屈の流れにもあります。立川談志の「落語は業の肯定である」理論）。

大事なのはネタでなく演者

落語に力があるとすれば、それは「お話をナマで聞かせる」というところにある。

ＣＤで聞くと（いまさらＣＤじゃなくて、ダウンロードでいいんだけど、いちいち面倒なんで、ＣＤと書いていきます。音源ダウンロードでも一緒です）、それはナマではないということになるが、いちおうほとんどのＣＤ音源は「ライブ録音」なので、「目の前にいる客にナマで聞かせていた記録」ではある、その場にはいなくとも、その場にいた雰囲気は少し味わえるというできあがりになっている。

落語にはすごく癒やしの力があって、心折れそうなときとか、世の中がいやになったとき、人生に疲れたときに聞くと、かなり癒やされるとおもうのだけれど、それは「話の内容」にポイントはない。ここ重要。内容で癒やされるわけではない。どん！（強調中）

誰かが自分に向かって（ＣＤ音源だとそこにいる客に向かって）直接お話をしてく

れているということがもっとも大事なのだ。それだけだ。

その内容もほんとにそういう話があったようにおもえること（タヌキとの会話であろうとも、実際にそんな会話があったのかもしれないなとおもえること）に支えられていて、現実から離れて、自分から離れて、でも人間の世界の出来事であってその何げない出来事の目撃者になっている、という感覚が大事なのだとおもう。

大事なのは、「ネタ」ではなく「演者」である。

だから私は立川談志なら何でもいい。晩年の談志を10年以上追いかけて、当時の談志の高座の8割かたを見続けていたので、いまさら録音で聞こうとはあまりおもわない。聞くけど。

落語家が話して、それを聞く人がいて、そこに「場」ができる。

その「場」を共有していることがとても大事なのだ。世間から離脱しそうになっている人でもその「場」の共有はできるから、落語は癒やしになる。

場が大事。人が大事。

だから極端なはなし、ネタは何でもいい。

ただまあ、その人に合ったネタと、合わないネタはあって、合ったネタのほうを聞いたほうがいいんだけどね。でも、100も200もCDを出してる人でないなら、CD化されているのは、だいたいその人の出来のいい高座なんで、適当に選んで聞いてもあまり間違いがないんだけどね（さっきあげた五人は間違いが起こりやすい五人でもあります）。

なんか変なタイトルだから気になるから聞いてみたい、という選択でいいんである。

間違いはあるけど、その間違いは別に失敗ではない。

落語は「つまらないもの」をどれだけ聞けるかによって、落語の本質に近づいていけるのだとおもう。

おもしろい落語だけを聞いていたい、と自分でいいものばかりを聞こうとすると、そのあとたぶんしっぺ返しを受ける。おもしろい落語だけを選んで聞こうとする人は、結局落語に選ばれず、いずれ聞かなくなるということだ。その人にとっても、落語にとっても、そのほうがいい。「おもしろいものだけを聞いて、つまらないものを聞きたくない」という人は落語に向いていない。聞かないほうがいいとおもう。

べつだん、落語を聞かなくたって、人生、何の問題もない。バカだとおもわれることもないし、物知らずだとおもわれることもない。たぶん、何の問題もない。『弱虫ペダル』と『キングダム』という漫画を読まずに人生を過ごしたらどうなるだろうか、という質問と同じです。どうもならない。元気で生きろよ、としか言いようがない。

落語を自分のそばにずっと抱えていたいなら、落語を人生の同伴者にしたいのなら、それは、つまらない落語もいくつか聞いて、それを許すしかないですね。人生論ぽくなってくるけど。

若いころは特におもしろいものだけ聞いて生きていたいとおもうけど、でも、きちんと聞き出すとそうもいかない。どう考えてもはずれなのをいくつも聞いて、それが落語を聞くことになっていく。

そもそも誰を好きになるか、またその人のどの落語が気に入るか、人によってまったく違う。落語好き30人が集まれば回答は30とおりになる。だから、あなたも自分で好きになるしかないです。

高校3年のときに、一緒に落語研究会にいたミヤギシくんに「桂米朝の『景清』をここんところすごく気に入っていて、あれをやってみようとおもうけど、どう」と聞いたときの、彼の驚きの顔が忘れられない。景清かあ、あの地味なやつねえ、というやりとりで終わってしまった。同じ落語好きでもそういうものである。自分の好きな感覚を落語好き同士だからと言って共有できるわけではないのだ。

だからどの落語家の何を聞けばいいのか、てのも、自分で探すしかないですね。

ただ入り口はいくつか指し示すということで、さっきの人たちのいくつかのおすすめを書いていきましょう。

CDになっているからといって、ハズレがけっこうある代表が「古今亭志ん生」である。

この人はレコードの時代から出せば売れる人で、だから、とにかく志ん生の録音があったら何だって出しちゃえってんで、どこかに残ってる音源がたぶんすべて商品化され販売されて、なかにはほんとに「何を言ってるかわからない」というものが入っている。

最初聞いたときは、なんだこりゃーとおもうけど、何回も聞いて、いっぱい聞いているうちに、それもまた愛おしくなってくるから、不思議ですね。でも生まれて初めて聞いた落語がそれではたまりませんけどね。

おすすめの落語家の演目

では五人のおすすめネタを、深く考えずに並べます。

古今亭志ん生　「火焔太鼓」「お直し」「替り目」「風呂敷」「もう半分」
古今亭志ん朝　「明烏」「船徳」「居残り佐平次」「佃祭（つくだまつり）」「唐茄子屋政談」
五代目柳家小さん　「うどん屋」「かぼちゃ屋」「笠碁」「狸の賽」
三遊亭圓生　「牡丹灯籠」「真景累ヶ淵」「死神」「御神酒徳利（おみきどっくり）」「四宿の屁」
立川談志　「やかん」「源平盛衰記」「黄金餅」「ねずみ穴」「小猿七之助」

うーん、勢いで選んでしまった。こんなの考え出すと止まらなくて、この五人の名演についての話だけで新書が一冊書けるから、深く考えずにえいやっと選びました。落語マニアからの抗議は受け付けません。ぜったい。

いまは江戸の落語を中心に紹介しているが、たとえば上方（関西）の落語も同等に聞いていいわけだし、隔てなく聞けばいい。まあ、落語は土地のものなので、土地に関する細かい機微はわからないだろうが、それでも根本のところでおもしろければ、それでいいのである。

上方落語の亡くなった人で聞いておいたほうがいいと挙げられるのは四天王＋1。

桂米朝　「地獄八景亡者戯」「たちぎれ線香」「百年目」「はてなの茶碗」
笑福亭松鶴　「三十石」「らくだ」「天王寺詣り」
三代目桂春団治　「高尾」「野崎詣り」「代書屋」「いかけ屋」
五代目桂文枝　「舟弁慶」「三枚起請」「悋気の独楽」
桂枝雀　「宿替え」「代書」「寝床」「鴻池の犬」「鷺取り」

米朝は、落語の柄が大きいので、そういうスケール感の出るものを選び、枝雀は、いまの落語にあきらかに影響を与えている演目を選んだ。特に枝雀の「代書」は、ほぼその型のまま東京方に流れてきていて、東京の寄席で「代書」が演じられると、ああ、枝雀の落語だなあ、とおもわされることが多い。上方落語をベースにした落語をそのまま演じている東京の落語家もけっこういる。

あと存命の上方の落語家でいえば笑福亭仁鶴の落語、六代目桂文枝の新作落語も聞くと楽しい落語である。それ以降の人は、まだライブで聞ける人たちとなる。

落語の聞かれ方も変わった

2000年代に入ってそれ以前よりは落語が聞かれるようになり、いろんなCDとたくさんの落語の本が出た。落語の本は、ほんと無駄に出てますね。たぶん、無駄だとおもう。この本もその流れの一冊でしかないんだけどね。

いろんな人のCDやDVDが出され、売られている。

これはこれでいろいろ選べる。

つまんなかったら途中で止められるところも気楽である。

それにユーチューブでも落語が見られる。

ユーチューブは、かなり落語向けでもあるとおもう。画面が小さくできるからだ。

もともと落語はＣＤに向いていて、ＤＶＤはかなり落語向きではなかった。映像がついているＤＶＤのほうが再現率が高いから、より親しめるとおもいがちであるが、そんなことはない。まったくない。

ＤＶＤは落語向きではない。もし金を出して買うのなら、ＤＶＤではなくてＣＤを買ったほうがいいと私はおもう。これは個人的な意見ではあるが、落語家たちもよく同じことを指摘しているので、業界としては周知の知識だとおもってもらっていいでしょう。

落語はＤＶＤよりＣＤのほうがいい。

値段もそっちのが安いしね。

高い金を出したところで、ＤＶＤだからって十全に落語を楽しめるわけではない、落語は前近代的な娯楽なので、客もそこそこ積極的に参加しないといけない。

ただ客席に座って、聞いてればいいだけなのだが、落語会場に出向いて聞くぶんには、すでに前向きになっている。客席に座ったかぎりは、きちんと聞こうとする。

しかし、家でＤＶＤを見るときは、テレビを見るのと同じ心持ちになっている。極端な話「なんか、おもしろいことを見せておくれ。おもしろくなかったらチャンネル変えちゃうから」という態度になってますね。目の前にあるのは生身の人間じゃなくて、テレビだから。テレビは、基本、なめてかかっていいことになっている。何となく見るのがテレビですからね。あまりお笑い番組をはらはらどきどき、命削って見る人はいない。

そもそも「映像」として、落語はとても地味である。

ライブ会場では、いろんな空気に包まれているから、そこには気付かないが、テレビ画面で見てみれば痛感する。

ただおじさんが、ときにおじいさんが、座って喋ってるだけである。

売り物とはおもえないおっそろしく地味な映像である。日本のことをあまり知らないコートジボワールの人にこのＤＶＤを５千円で売ったら、訴えられかねない。

そこんところをまず意識して欲しい。

CDで落語を聞くと、映像を見られない。ライブと比べて、圧倒的に情報が足りていないことを最初からわかっている。聞き手にも「音だけで、あとは想像して聞くしかない」という覚悟がある。だから話し手に近づいていこうとする。寄席で座ってるときと同じ態度である。

しかしDVDになると、とたん油断する。CDの前ではあんなに謙虚だった態度が、いきなり上から見る態度に豹変しているのだ。「おもしろいこと見せてみなさい」とふんぞりかえってしまう。

CDで聞く落語は、ライブ会場で聞いているときの3割くらいの再現率だとわかっているから、こちらから近づいていく。

ところがDVDで見るとなると、これはライブ会場にいるのとほぼ同じくらい、8割から9割の再現率ではないか、と勝手に期待してしまう。

ちがいますね。

ＤＶＤでも再現率はかなり低い。ライブの空気を再現することはかなりむずかしい。聞き手の力が必要だからね。映像を見ながらでも「情報が足りてない」とわかっていて、聞き手が近寄って近寄っていって、ぎりぎり再現率が５割を越えるくらいではないだろうか。ぼんやり、テレビを見るような態度で見てしまうと、再現率は４割くらいでしょうな。

映像がついたくらいで、一挙にライブ感覚が持てるわけではない。ヘタするとＣＤより再現率が落ちてしまう。

そこがＤＶＤをお勧めしない理由である。

まあ、こんなこと書いても、実際に体験しないとわからないだろうから、お金のある人はＤＶＤを買うでしょう。見てみてください。

ＤＶＤ全集なんか買っちゃったりして、いよ、大将、太っ腹。

そのＤＶＤ全集をすべて見て、全編、まったく眠ることなく全部見られたらすごいとおもう。というか、それはやばいですよ。医者に行ったほうがいい。ふつう寝る。

寝ます。ＤＶＤで落語を見ると、まず、眠くなって寝てしまうはずです。ぜったい。「家のリビングや自分の部屋で、リラックスした状態で落語のＤＶＤを見たら、しっかりと寝てしまうもの」という覚悟を持って接してください。

実際、私はＤＶＤを買うと、そこから映像だけひっぺがして、音声だけを入れて、それを聞くようにしている。想像したほうが楽しいからねえ。

いまいちどアドバイスしておきます。

落語はＣＤで聞くのが適しています。

ＤＶＤを買うのは止めませんが、無駄になりがちなので（買ったけど1割も聞かなかったみたいなことになる）いきなりいっぱい買わないように。徐々に買いましょう。見るときも耳に集中したほうがいい。

落語の入り口がユーチューブというのはいまはふつうになっているとおもう。

ユーチューブで誰を見ればいいでしょうかって、誰でもいいよ。まじで。

検索で「おもしろい落語　ユーチューブ」で上位にあがってくるから、そしていっぱいあがってくるから、そのなかから適当にクリックして見ればいいでしょう。はずれもあるだろうけれど、合わなければ途中で止めればいい。それでいい。

現役の落語家で誰を聞くべきか

「現役の落語家で誰を見るべきか」というと、理屈でいえば、年寄りから見ていったほうがいい。

ライブはそうである。

若手は、10年後、20年後もまだ見られる。でも70代80代の人は（90代の人もいますけど）、あと30年はない。だから急いだほうがいい。

これはライブへのアドバイス。

じゃ、ＣＤなり何なりで誰を聞けばいいのか。

ちょっとおもいつくまま並べてみる。年寄りのほうを厚めに紹介する。

●もっとも人数の多い落語協会

柳家小三治。川柳川柳。柳家権太楼。柳家さん喬。春風亭一朝。柳家小ゑん。四代目三遊亭圓歌。柳亭市馬。柳家花緑。柳亭燕路。三遊亭歌武蔵。林家たい平。柳家喬太郎。三遊亭白鳥。橘家文蔵。入船亭扇辰。林家彦いち。古今亭菊之丞。桃月庵白酒。柳家三三。春風亭一之輔。

●もうひとつの落語芸術協会

桂米丸。九代目春風亭小柳枝。昔昔亭桃太郎。三遊亭小遊三。古今亭寿輔。柳家蝠丸。瀧川鯉昇。春風亭昇太。三遊亭遊雀。

●圓楽さんのところ

三遊亭好楽。三遊亭兼好。三遊亭王楽。三遊亭萬橘。

●談志さんのところ

立川志の輔。立川談春。立川志らく。立川生志。立川談笑。

ざっくり40人くらい。

ほんとはもっと挙げたいところだが、あまり挙げても煩雑になるので、とりあえずこれくらい。

でもべつだん、ここの挙げた人にこだわらなくていい。

落語家さんはもっといっぱいいて、みんな、それぞれおもしろい。

何回か見に行けば、きっとここに名前が挙がってないのに素敵でおもしろい落語家さんと出会えるはずです。必ず会える。

そういう人を見つけるのがまた落語を聞く楽しみでもあります。

いろいろ行ってみましょう。つまらないのがあっても気にせず楽しみましょう。

きっとどこかで楽しくなるはずだから。

あとがき

落語は、自由に聞けばいい。

落語は娯楽である。消費するものだ。本書の案内はあくまで参考であって、それぞれが自由にお聞きになればいいとおもう。

そもそも落語はあまり「鑑賞」するというようなものではない。

ときに落語家が言っているが、歌舞伎芝居はみんな綺麗に着飾ってよそいきの格好で見に行くけど、寄席にはみんなふつうの格好で落語を聞きに来ていて、普段着姿にもほどがある、とのことで、たしかにそのとおりだとおもう。もちろんときに粋なスタイルのお姉さんもお見かけすることがあるが、だいたいはみんな普段着である。普段の格好でやってきていて、近所の銭湯に集まっているようなもので、それが落ち着くのである。

それでいい。寄席は日常生活の中にあるものなのだ。気取って行くところではない。

やはり「鑑賞」という言葉は、着飾って見に行くようなものに使ったほうがいいだろうとおもう。落語は、鑑賞なんてガラじゃねえよな、なあ、カカァ、というところだ。

落語はべつだんあってもなくてもいいようなもの、つまり「無駄」である。桂枝雀はよくそのことを言っていた。

「教養」というものもまた、「役立つ」ことを前提としていない。いまどきのお金儲け万能の世の中において、「教養」はあまりお金儲けに役立たない。お金儲けが得意な人たちにみんな教養があるわけではないところを見ても、それはわかる(教養豊かな人もおられますけどね)。

ただ、そういう「一見無駄そうなもの」を大事にすることが、まわりまわって人類のためになる、そういうことをわれわれは知っている。無駄をしっかり抱えていることが社会として豊かなことだし、人としての幅を持つことになる。

人は懸命に無駄を抱えなければいけない。そのひとつとして、落語はお勧めである。

我が国の教養ある人たち、多くの文人は、落語を愛してきた。夏目漱石も、志賀直哉もまた谷崎潤一郎も落語への愛を語っている。まあ、日本近代文学は、落語にちょいとばかり借りがある、ということもあって（51ページ参照）日本の文人と落語の相性はとてもいい。落語は日本の見えざる文化の一端を（少々、無駄な部分を）担っていると言っていいだろう。

この本一冊を読んで、落語をわかってもらおう、というものではない。この本を読んで、落語を聞くきっかけにして欲しい、というものである。

落語があるかぎりは日本は大丈夫だ、と私はおもっている。

堀井憲一郎

参考文献

『図説 落語の歴史』山本進（河出書房新社）
『落語の履歴書　語り継がれて４００年』山本進（小学館）
『落語の年輪』暉峻康隆（河出文庫）
『上方落語の歴史』前田勇（杉本書店）

●著者プロフィール
堀井憲一郎（ほりい・けんいちろう）
コラムニスト。1958年、京都市生まれ。早稲田大学第一文学部卒業後、文筆業の世界へ。徹底的な調査をベースにコラムをまとめるという手法で週刊誌を中心に大いに人気を博し、テレビ・ラジオでも活躍。近年では、社会現象やポップカルチャーの分析で定評がある。著書に『落語論』、『落語の国からのぞいてみれば』（講談社現代新書）ほか多数。

マイナビ新書

教養として学んでおきたい落語

2019年8月30日　初版第1刷発行

著　者　堀井憲一郎
発行者　滝口直樹
発行所　株式会社マイナビ出版
〒101-0003　東京都千代田区一ツ橋2-6-3 一ツ橋ビル2F
TEL 0480-38-6872（注文専用ダイヤル）
TEL 03-3556-2731（販売部）
TEL 03-3556-2735（編集部）
E-Mail pc-books@mynavi.jp（質問用）
URL http://book.mynavi.jp/

装幀　小口翔平＋山之口正和（tobufune）
DTP　富宗治
印刷・製本　図書印刷株式会社

　ISBN978-4-8399-7028-4

Printed in Japan